The art of faking it

(中国版)

假装的艺术

姚舒娜/著

天津社会科学院出版社

图书在版编目（CIP）数据

假装的艺术：一本让你看起来无所不知的书（中国版）/姚舒娜著. —天津：天津社会科学院出版社，2011.6

ISBN 978-7-80688-684-7

Ⅰ. ①假… Ⅱ. ①姚… Ⅲ. ①社会生活－通俗读物
Ⅳ. ①C913-49

中国版本图书馆 CIP 数据核字（2011）第 104085 号

出版发行：天津社会科学院出版社
出 版 人：项　新
地　　址：天津市南开区迎水道7号
邮　　编：300191
电　　话：(022) 23366354
传　　真：(022) 23075303
网　　址：www.tssap.com
印　　刷：北京佳顺印务有限公司

开　　本：880×1230 毫米　1/32
印　　张：7.25
字　　数：100千字
版　　次：2011年6月第1版　2011年6月第1次印刷
定　　价：26.80元

THE ART OF FAKING IT CHINESE VERSION 目录

THE ART OF FAKING IT CHINESE VERSION

目录

01

The art of faking it (Chinese Version)

话题一 天真

向天真的人投降

天真，不是人人都可以装的。敢装天真的人，要么真的“天真”无知，要么脸皮厚得跟城墙一样，如果不属于以上二者，那么他就是至情至性，真情流露。时下，装嫩装天真的人比比皆是，但装得好的、不被别人一眼看穿的，实在是少之又少。

如果一个人不幸犯了众怒，装天真是最好的应对方法，不过一定是要思前想后、精心准备的：“我以前很（好）傻很（好）天真……”“很傻很天真”一词之所以传遍大江南北大河上下，是有它的群众基础的。面对天真到极致的人，最严肃的道德家，也只能摇摇头无奈地报以：“很好很强大”。

在娱乐界中，装粉装嫩装单纯的人，拎出来就是一大串。单说有着一副娃娃音的林志玲吧，谁知道她的娃娃音是天生的，还是装出来的。如果是装出来的，那只能说明，天真装久了就真的天真了。不太了解林志玲的人，光听声音还真的以为她是个天真无邪的纯情美少女；就算对她有所了解的人，听罢也会觉得她的真实身份就是一个千年不老妖。

装天真的人，基本可以判定为爱美之人。以前兽医看家畜的健康和年龄，就是看家畜的牙口。现在也可以遵循这样一个原则，当一个女人已经过了二八年华，一张嘴，怎么牙齿是黑的？哦，原来套上牙箍了，在矫正牙齿。鉴证方法一：凡是戴上牙箍的女人，要么是真天真，还是花季少女；要么就是装天真一族，想要留住青春的尾巴。只要留意她的生活，这一点在很多方面都能体现出来。

如果你的一个酒友死党，突然跟你说，他最近不能参加组织的活动，因为他做了一个小手术。当已经换了好几个女朋友，或者离过几次婚的人，突然宣布他要做包皮切割手术，那么不用猜，直接给他盖个戳儿：装！

时下，婚嫁市场不景气，特别是不少 80 后，男大当不了婚，女大当不了嫁。可大家又都不甘心，拼命想抓住残酷青春的残余，于是大家心照不宣地装嫩扮俏起来。有时单纯装过头了，幼稚起来让人掉一地鸡皮疙瘩，拾起来可以炒一盘宫保鸡皮疙瘩。可是，这些装天真、装单纯的人，又都互相看不顺眼，刚相过亲转过身就叽歪道：真不知道，对方是真纯还是真晚熟，这样的人只能是“可远观而不可亵玩焉”。

最近在很多综艺节目中，凭借装天真、装可爱、装纯洁、装浪漫、装幼稚、装无知、装嫩、装傻而人气飙升的嘉宾，实在为数不少……如果一个女人，具有迷糊的性格、蹩脚却又嗲又可爱的普通话，再加上无厘头的思维，就一定会备受观众欢迎，看来“甜心小妹”是收视率的保证。

假装天真者的杀手锏就是用一副“幼齿”的嗓子说出很多千奇百怪的问题，比如：“你看到外星人，不害怕吗”；“男女关系，有两个说法，第一个你猜是什么呀？是没关系”。

天真作为时代的潮流，已经渗透到各行各业，可以说无孔不入。眼下一些地方政府的官员也开始走起了“阿娇路线”，“装傻装天真”。这些人的演技角逐奥斯卡影帝也丝毫不成问题……据说安徽某一官员在法院受审时，语出惊人：“组织找我谈话时，我主动交出了自己的家产。只要给我和老伴留二三十万就行了，把我剩余的家产拿去做社会福利事业。”这位安徽省合肥市第二建筑安装总公司第四工程处原主任董国成同志，在担任二建四处主任期间，使尽了浑身解数，好不容易积累了418万元不法财富。他真以为这些损公肥私、贪赃枉法得来的钱是他自家的了。说出这般天真的话来，还一副受气小媳妇的模样，让人啼笑皆非。类似官员装傻的名言可谓汗牛充栋，摘抄一二如下：

“对法律的错误认识，使我以为正常履行职务而收取他人钱物的行为不是犯罪。”再比如：“我是人民的公仆，吃穿用的，都应该是公家的。”

这些官员一旦落马，智商就立刻“跳水”，到了被告席上准保“大脑失灵”。事实上，他们都在装天真，这一装屁股没准就能少挨些板子，何乐而不为呢？他们均属于脸皮厚于城墙的一类，任凭你用最锋利的矛来戳也戳不破，如果你还是一个心软的人，可能不小心就原谅了他们。所以说，傻有傻的道理，天真有天真的窍门，就权当看幽默笑话吧。

在三个方面装纯真

据不完全统计，北京有五十多万的剩女，还不包括那些离异的单身女性。她们的年龄大概都在二十七岁至三十五六岁之间。事实上，这些女性的危机感是非常强烈的，但在面子上，她们又要摆出一副不想嫁、不是“剩女”的外强中干的姿态。她们经济独立、心智成熟、可以较自由地支配自己的时间，总幻想过着少女般自由自在的生活。

“八岁我要梳爱司头，十岁我要穿高跟鞋，十六岁我可以吃粽子、汤团，吃一切难以消化的东西”，这是张爱玲式的梦想，也是她长大之后对年少无力回天的一种慨叹。可现在的这些御姐们可不这样，她们自由多了，包上、手机上挂满小猫小狗，床上摆满了毛绒玩具，穿自己喜欢的各式服装。

一项研究表明，在上班族中间有25%左右的人，有非常突出的装天真装嫩心理，其中男人的装嫩周期是8年，也就是说，如果他是40岁的话就愿意表现为32岁。女人比男人还厉害，装嫩周期一般是10年至12年，一个35岁的女人很有可能装得像25岁。

男人最经典的装嫩方式是，撒娇。比如在一个酒局上，一个自己很喜欢的菜肴必须点两份，一份大家吃，一份自己吃，还要说，“我最最喜欢这道菜了，我真的好好喜欢，哈哈。”如果碰上恰好这道菜售罄了，一定要假装生气，同时勉为其难地吃其他菜。

女人最经典的装嫩方式是，撒娇。不管说什么，一定要尾字叠韵，例如，买包包，吃饭饭，睡觉觉等。一般来说，在自己的爱人面前，女性都会不自觉地装嫩，在行为方式和说话语气上都有所体现。这是无可非议的。在爱情面前，谁都不喜欢衰老的感觉。但是，一不小心装到了公共场合，可能会让空气升温，属于不太低碳的不环保行为。

观察一下身边的装嫩族，装嫩一般体现在三个方面：穿着打扮、语言表达、行为方式。她们在夏天，会穿上红色褶皱短裙，长长的直发披挂或者高高地扎一个马尾，脸上素面朝天，脚上一双回力，肩上背一个双肩包，耳朵里塞着 iPad 的耳机，乍看青春逼人。她们出去逛街购物时，常会被老板唤作“小姑娘”；陌生的小孩见了她会喊“姐姐”。当被问及装天真装嫩有何感受时，她们总是非常得意地说：“如果总能被人认为只有二十岁，这是一件令女人感到幸福的事。女人的虚荣心就常常可以得到满足，已经习惯了。”这些御姐们装天真装嫩的功夫真是到家了。

不仅御姐们怕老而心生装天真情结，不少大叔大爷也希望自己看起来比实际年龄年轻一些。他们对自己的穿衣打扮一直本着“年轻第一”的原则：一双耐克球鞋，休闲花格子短袖衫，搭配一条有些嘻哈的牛仔中裤，第一眼见到他会以为只是一个二十多岁的小伙子。和二十几岁的罗莉们出去逛街购物时，常常被路人误会是一对情侣。对此他们也毫不惭愧地说：“这说明我看起来的确比较年轻嘛。心态年轻才是真年轻，装嫩装天真又不碍大家的事，没什么不可以吧？”

至于语言装嫩，不说别人，娱乐界的林志玲就是骨灰级代表。在哪都能听到她娇柔甜嗲的“娃娃音”，言谈举止也娇俏可爱，有时甚至比十四五岁的女孩有过之而无不及。虽有很多人唾骂她“装嫩装天真”，可那又怎么样呢，她已经装出自己的风格和范儿，有脾气你们也装一个。

天真可以这样装

天真装不到浑然天成的话，就有可能会被人戳穿或嘲讽，导致颜面扫地。说句实话，装天真的人也很不容易，想装出自己的风格和范儿，就得承担被人诟病的风险。但是只要你装得巧妙，效果可以说是屡试不爽。如何才能将天真进行到底，以下提供几个意见，仅供参考：

1. 尽量将眼睛睁大，或者戴一副美瞳，并不时地眨巴眨巴做忽闪状；

2. 嘴巴尽量向上撅，嘟起唇来，以超出鼻子为好；

3. 说话时，每句以“吗，嗯，哼”等象声词结束，或者学一口港台腔；

4. 走路不可以走直线，要时不时地辅以蹦蹦跳跳的动作；

5. 站着照相时，应单脚着地，另一只脚放在其小腿肚子处，前后不限；

6. 坐着时，人应斜靠在椅子上，并将两腿分开成30度；

7. 吃饭时，必须找出一两样不喜欢吃的食物；

8. 切记不可以说自己不喜欢甜食；

9. 身上所穿衣服的颜色不可少于三种，最好有一套卡通装；

10. 头发不可过于整齐，建议梳好后，用手掌顺时针揉24下；

11. 当发现他人错误时，万万不可当面指出，只在心里骂三声笨蛋；

12. 看一些时下最流行的动漫，比如《天线宝宝》、《海贼王》和《灰太狼与喜羊羊》，碰到同道中人时，可以在低幼年龄段上击败对方；

13. 运动让人看起来更年轻，因此不管男女，都要在身上有一些运动的行头，例如像费德勒那样戴个头箍；戴一顶棒球帽；在手腕上戴个NBA球星的橡皮带，最好是红色的或者绿色的；

14. 开奔驰的SMART车型和MINI Cooper、甲壳虫车型；

15. 在自己卧室的墙上画上涂鸦手绘。

可以装天真的集散地

1. 网吧。在网吧与年轻人一起玩最时兴的网游；

2. 游戏机室。像刚成年人一样玩电玩；

3. 卧室。可以买好多毛绒娃娃或布娃娃；

4. 户外运动。买一身装备齐全的行头和年轻人一样去徒步旅行、野外露营。

凡是一切能想得到的时尚活动，你基本上都可以去参与，因为那里有大量年轻人以及和你一样在装天真的人。

02

The art of faking it (Chinese Version)

话题二　富人

The art of faking it (Chinese Version)

中国的传统观点是“财不露白”，这只能归结为那时候穷人太多了，还不是资本社会。在改革开放前，根正苗红反而让人扬眉吐气，而一个中国的“富人”，总要想方设法地隐藏自己的财富和身份，不然指不定哪天就被戴上高帽儿拉出去游街示众。总之，很长一段时间以来，富人是一个不太好的词语，在大众眼中，也多以“为富不仁”的形象出现。

如今好了，富人不仅得到了平反，而且身份和地位也一下子蹿到天上。这一下子富人神气了起来，终于不要再将自己的阿堵物藏着掖着了。以前一个满腹才华的人，为了显示自己的知识会躺在石头上晒书；一个修行很高的和尚，在河边清洗自己的肠子；一个官员为了彰显自己的清廉，甚至没有冬夏替换的朝服。这样一来，不仅引得他人艳羡，仿佛富人的道德和品位也一下子提升了一个境界。那么富人到底值不值得尊敬呢？

富人的两面性：哭穷 or 摆阔

富人认为穷人或不富的人心怀嫉妒，仇富心理和“亡富人”之心一直不死，很多富人学会了哭穷，一味地低调谦虚。孰不知自己越过分谦虚，在别人的眼里就越是眼睛长在额头上，尾巴翘上了天，浑身上下没有人样了。

当然了，当富人跟你哭穷时，不会傻到跟你说：自己已经没米下锅，没有容身之处。他可能只会这样跟你说，别看他表面风光，可他已经负债累累，就连做梦都梦到了讨债的人堵在他家门口；他可能还这样说，他爷爷留给他爸爸的地有几千亩，可是到了他爸爸手里却败落得只剩几百亩，如今到他手上的也就区区几十亩，如果他再挥霍无度，那就没脸见列祖列宗了；他还有可能会这么跟你说，几年前他是空中飞人，去哪都是坐着飞机的头等舱飞来飞去，可今时不同往日，金融危机，经营惨淡，只能在火车软卧上睡来睡去，实在没有软卧，硬卧也不嫌弃。诸如此类，不一而足。

如果你原本是打算来向富人借钱的，可当你听到他这般凄惨，过着甚至还不如自己的日子，你还怎么忍心向他开口借钱。你的心理落差也就一下子得以平衡，没准还要反过来安慰他们：一切都会好起来的。这些富人哭穷技术是一个赛一个，一个比一个哭得响亮、哭得悲怆、哭得理直气壮。

我们来晒一晒以下几个“假穷人”哭穷的嘴脸：

某一垄断行业国企负责人澄清，年薪并非传言中的上千万，只有区区二百多万元。对于一个员工数量多达10万人以上的企业管理者，远未和国际接轨。有知名经济学家说，退休了存款没有500万元无法养老，并举例具有同等地位的高级知识分子，在发达国家都过着何等潇洒的生活。某大学校长说，仅仅靠工资，高校教师待遇太差了。随即，有教授“晒收支账”佐证，工资七八千元养不起家。(《人民日报》2010年11月11日)

最近，成都一名白领在网上晒月支出账本，引来网友的围观。该白领自称月薪两万，然而除去房租、车辆维护使用费、旅游费、烟钱等主要支出后，所剩无几。他从而坦言自己的生活质量并不高，最多给60分。(《成都晚报》2010年11月24日)

“非传言中的上千万，只有区区二百多万元”，“退休了存款没有500万元无法养老”，区区“月薪2万……生活质量并不高，最多给60分”……这类人从事着备受羡慕的职业，赚着高薪、外快、灰色收入，开着香车宝马，没准还一手牵着名犬一手搂着小妞，享受着穷奢极欲的生活，却还在哭穷，真不知道那些初一发工资就盼三十的人，情何以堪呢？这不是明显给他们心里添堵吗？

当然他们哭穷并非无缘无故地哭，而是有目的的，常言道，会哭的孩子有奶喝。富人哭穷，就好比吃饱奶的孩子比没吃饱奶的孩子哭得更洪亮一般，其声音也总比穷人哭穷来得响。人民听到了，社会听到了，政府也听到了，就要把天平倾向于他们，比如给优惠政策，给开放市场……如此一来，富人只会越富，至于不富的人会不会越来越贫穷，这谁也管不了。

既然有哭穷的富人，那么也就肯定有摆阔的富人……富人摆阔已经是个老生常谈的话题，但摆阔的形式却日新月异，其惊艳程度也常常让人咂舌。

上个世纪 90 年代初，中国第一批富起来的有钱人，其摆阔的方式之一，是雇聘一个跟班专责拿着砖头似的大哥大，电话铃声一响，老板就会在众目睽睽下神气十足地接过电话，然后用高八度的声音应答："喂，喂，喂……"

二十年过去了，大哥大进了博物馆，但富人们摆谱斗富依旧，直到演绎得惊天地泣鬼神才肯罢休。就拿山西煤老板来说，他们来京城买房，是一栋一栋地买，把售楼小姐激动得差点没当场叫他们亲爹。富人们说，我的钱想怎么花就怎么花，就算把牙齿全部打掉再镶上金牙那也是我们的自由和权利，也受法律保护。

可这些富人摆阔，一不小心摆大发了，弄得不富的人怨声载道。还记得 2010 年 11 月，东北某市某一富商结婚，动用数十辆豪华越野车迎亲。这些车辆的车牌全部被遮挡住，明目张胆地闯红灯，造成半个城市交通拥堵。一些大爷大妈坐在半天不动的公交车上，越想越气，凭什么富人们就可以这般“作威作福”，旧仇新恨一下子涌上心头，于是乎纷纷把头探出窗户，啐上一口唾沫。可是，这位富商却毫不以为然，不就是违章处罚吗？老子有的是钱，我不仅堵大家的路，我还堵大家的心。

生者如此摆阔尚能理解，可如今就连死者的葬礼也能赶上一部电影大片。前不久，浙江温岭市新河镇出现一场豪华葬礼。九辆加长林肯轿车、千人鼓乐队、十六门礼炮等组成的送葬队伍吸引了过路人的眼光。摆阔摆到了死者的头上，死者在九泉之下也一定风光无比。

富人像这样赤裸裸地摆阔虽然很过瘾，但被“狗仔队”曝光后总归影响不太好。再说，这样摆阔斗富，多少有暴发户、土财主之嫌。于是，一些更善于伪装的富人，除了在衣食住行方面追求奢华外，也开始追求起文化品位与生活品质。几年前北京饭店每周六都举办“盛装晚宴”，参加者盛装外，享受“豪华”餐饮，三十位舞蹈演员身着金色薄纱和盛唐时期的手绣龙凤宫廷服饰展现大唐盛世的雍容华贵。事实上，穿什么衣服、吃什么东西并不重要的，重要的是这是一种身份的象征。

品味问题 or 人品问题

钱永远不是横亘在富人和穷人之间唯一的玩意儿。

用钱来摆平事情，例如，用三十辆法拉利组成的婚礼车队，这是最没有想象力的一种行为。很显然，穷人成为富人之后肯定最想干的就是这种事。

亿万豪宅、车库里的豪车、结交女明星、出手阔绰，还有比这更恶心的事情吗？

但是，指望暴发户能顾及到穷人的感受，那也是一种超现实，也就是不现实。

我们现在探究的是富人，所以立足于探究富人的行为，从这里我们完全可以知道我们应该怎么做。如果我们有钱，加一点风度，那简直就是如虎添翼。如果我们还不是富人，但假装富人也不是难事。首先在风度上下足工夫，假装一下自己总还会的吧。

鲁迅先生说，越吝啬越有钱，越有钱越吝啬。给自己反复打气，然后面带微笑，开始你的富人之旅吧。假装的富人也是富人。而且更励志的说法是，穷人假装富人，最后往往真的会成为富人。

事情就是这么简单！

你是富二代 or 你的孩子是富二代

富一代们虽然有钱，但却不一定有时间，而作为他们的下一代，是一生出来就含着金匙。既有时间，又有精力，还有取之不竭用之不尽的钞票。由于条件太好，难免招来他人嫉妒，惹来闲言碎语。

富二代在媒体和大众眼里就成了不学无术、玩物丧志、没有爱心的年轻人，喜欢酒后飙车，喜欢去买一些国外的大众品牌如 LV 或 DIOR 之类的，还喜欢让别人知道自己戴的手表多少钱。总之，富二代被恶魔化成“人渣”。这是不公正的，可众口铄金，恐怕一时半会儿富二代们还要忍辱负重。

我们暂且不深究富二代是否真的那么操蛋，单说一点，我们就要应该感谢他们。他们肯消费敢消费，世界上最好的东西，他们老爸狠不下心来买，他们眼不眨就买了。消费就是硬道理，消费也是伟大的，虽然他不是把钱直接给了你，但对社会却作出了巨大的贡献。

由此可知，富二代并非一无是处，相反，他比我们这些屁民的作用要大得多。事实上，那些看不惯富二代的人，没准正立下高远之志：既然自己做不了富二代，那就让自己的孩子成为富二代吧。

富二代关键词

1. 跑车、越野车
2. 游艇、摩托艇
3. 冲浪、马术
4. 周游世界
5. SHOPPING
6. 私人俱乐部
7. 名人女友
8. 名人朋友

富人的九种生活方式

No.1　顶级私人俱乐部

顶级会所客户只限于“金字塔尖”，意味着亿万富人们的商务会所，当然他们在里面除了挣钱，还花钱。

No.2　博客秀

博客被誉为时代的符号，是世界 500 强企业的 CEO 推崇的沟通方式。现在则是微博秀。富人们总是能第一时间享受到最新的技术服务。

No.3　极限运动

挑战极限的奢侈运动需要的是金钱、胆量和闲情。当王石给洋酒做广告的时候，你就知道极限运动有多赞了。

No.4　艺术品收藏

盛世收藏，重在玩味，陶冶性情。没有青花瓷，那就收藏青铜器好了。

No.5　公益慈善

这部分社会精英改变中国的财富形象。当然，至于要不要裸捐，还是要慎重一下。

No.6　时尚派对

结识名流，感受奢华。偶尔会有人体宴的丑闻也无伤大雅。

No.7　奢华旅游

旅游能让其远离尘嚣，全方位放松身心，安享天伦之乐。英国女皇的一次出行要有几十个仆人，上百个箱子，有专人打前站，做后旗。十几辆车。哦，对了，其中一辆车是给女皇的爱犬乘坐的。

No.8　心理咨询

适时适度地调整自己的心态与情绪，主动接受生活的挑战。当心理咨询登陆中国的时候，全国数十亿人要接受的是财富扫盲教育。

No.9　高尔夫

高尔夫有严格的礼仪规则，还能与同行、对手在球场上充分沟通。当然，如果高尔夫普及之后，富人们说不定就去玩冰壶了。

03

The art of faking it (Chinese Version)

话题三　贵族

很遗憾，中国目前几乎没有贵族的存在。虽然有些人据说家学渊源，喜欢炫耀，但男的变成了纨绔子弟，女的成了疯狂主妇，顶多也就有几分希尔顿的风采。说到底，在中国最上流的家世，估计也就几十年辉煌而已。

因为贵族的形成，首先需要的是时间的积淀，其次才是风范的养成。在欧洲，有些贵族的祖先能追溯到查理大帝的圆桌武士时代，那是多么的吉尼斯。古老的姓氏，神秘的庄园，就像一座博物馆，即使出现《只爱陌生人》中的变态贵族夫妇，我们也不会厌恶他们。说实话，吸血鬼之所以迷人，也是因为他们的历史悠远。在这一点上，延续千年的贵族世家和吸血鬼有的一拼，那就是神秘好奇与恶意揣测并重，激发人的无限联想。据说，贵族的性格心理和普通民众很不一样，连生的疾病都不一样，他们似乎只和败血症有关。

中国本来可以产生一批新贵，但几经动荡，贵族没有炼成，倒是多了很多富豪。之后，中国多的是暴发户，据说隐姓埋名的亿万富翁也不在少数。暴发户的最大理想，估计就是成功迈进贵族的行列。他们处处模仿贵族的派头，但却是一点也不像。

因为贵族最大的范儿，是毫无钱的派头。据说，资本主义兴起后，也就是大批贵族的没落之日。

目睹自己的农奴因为投机，将自己原有的一切据为己有，那些贵族只能以打猎聊以自慰。即使变为穷光蛋身无分文，贵族的派头依然还在。这是暴发户怎么也学不来的。

因此，在中国说到贵族，首先要明白一点，那就是中国还没有贵族。其次就是，所有的贵族都是假装的贵族，这样的贵族一定要一分为二地看，第一种是有钱人假扮的贵族；第二种是没有钱假扮的贵族。也就是说，前者在物质上学习贵族的穷奢极欲，后者在精神上效仿贵族的目空一切。

据说，中国的有钱人特别想表现出 GENTLEMAN 的一面。老外在佳士得拍卖典藏红酒，几十万美元一箱，老外拍了都要留存后市，轻易不会开启饮用。中国有钱人就豪放草莽多了，他们一般是几个好友亲朋结伴去拍卖现场，拍卖下来后就地饮用，让老外瞠目结舌。关键是喝完就吐了，这不是在草菅红酒吗？如此不解风情的人，怎么看都不像是一个贵族，换句流行的说法，就是穷到只剩下钱了！

有钱人假扮的贵族有一个硬件，那就是 MUCH MONEY，有用不完的钞票。欧洲贵族之所以让位于资产阶级新贵，就是资产阶级把钱当钱，尊重财富，所以积累了财富。但是贵族把钱不当钱，与其说他们挥霍无度，倒不如说只能说他们对钱没有概念，只适合做败家子。

所以中国不缺这样的极端事例，一辆兰博基尼因为找不到匹配的修理店，就将车就地肢解了。想必当事人当时怀揣的是葛朗台永远都无法理解的快意吧。据说，后来就有人建议说，早知道中国连兰博基尼的4S店都没有，那当时就应该买两辆兰博基尼才是。

国外的新贵们的嗜好，国内的新贵也都在一个劲地跟风，但就是有点四不像。可能国外的花花公子们即使行为怪诞，还是有一些贵族的感觉的。然而放在中国，那些有钱人假装的贵族，怎么看都像是酒肉之徒。之前坊间风传的陪饭事件，尽显那些有钱贵族的龌龊样。说到底，中国还是没有产生贵族的土壤。

相比物质贵族，精神贵族可能更容易装扮。

想要装精神贵族，就要坚持一个唯一的准则，那就是歌德《浮士德》中的怀疑一切否定一切的精神。不光否定外界，也要否定自己的内在。虚无主义是一种贵族精神的顽疾，久治不愈。然而，伪装的精神贵族，其最大的漏洞在于，他们摆脱不了一种诱惑，那就是想成为物质的贵族。

中国人也许穷怕了，所以每个人心里都还是喜欢阿堵物的。没有阿堵物的时候，就装精神的贵族，聊以自慰；等到有钱的时候就摇身一变，原来花钱的感觉是花钱才能买到的。但等到做了伪装的物质贵族，那就更是和贵族精神南辕北辙了。

中国还没有产生贵族，也许再等上百年，才会产生查斯特·菲尔德那样的贵族，表里不一，但处理得非常好。因为贵族都是这样出发去处理事情的。

04

The art of faking it (Chinese Version)

话题四　泡妞

The art of faking it (Chinese Version)

泡妞必杀技：女人都爱幻想，只要让她把频道锁在你身上，那就注定是你的妞。

都说女人是水做的，其实就是爱幻想，什么都想得到，得不到怎么办？再变呗！她不仅希望你长得帅，还要有钱，有才等等。但是，这些都不能吓退一个把妹高手。哥看准了的，就都是妹。

如果锁定了一个目标，千万别犯类似的错误：

当自己中意的妞出现在面前，像被电到了一样。这样做基本是死刑，而且是立即执行。通常来说，女人无论长相如何，都是天生的带电体，以放电为乐，只有绝缘体或者更强大的带电体，才会让她们春意盎然；

在她伤心落泪的时候温柔地安慰她，以为这是自荐枕席的绝佳机会。但是快乐和痛苦是硬币的两面，而且绝对不会撞见。这样的做法带来的唯一后果，就是她在快乐的时候就会把你抛在脑后，越快乐越和你无关；

在跟她一起见朋友或者聚会的时候，装成彬彬有礼而又风趣的正人君子。记住：你不需要取悦她的闺蜜，你需要的是取悦她。保持常态，略有殷勤就可以。否则的话，转眼她就会在她的闺蜜面前说你很乏味；

除非她已经做了你孩子的母亲，否则就不要太卖力。我指的当然是做爱这件事。很多男人都妄想成为种马，但不知道这是最无趣的。难道你真的要用这样的方式来摧残自己，仅仅为了让一个女人得到你想当然的满足。

女人是满足不了的，任何时候都是。所以最佳的泡妞方法就是：让她好奇。

好奇能害死猫，所以这个方法对女人同样奏效。

泡妞之前，你必须反复问自己：是把妞泡上床，还是把妞泡上结婚的礼堂？在这之前，我们不妨看看泡妞大师萨特。存在主义大师萨特其貌不扬，他不仅身材矮小、面貌丑陋，甚至有些斜视，但他泡妞功夫一流，因此周围总是不缺年轻的女性崇拜者，但是他至死未婚。所以，给所有人的一个忠告是：泡妞一定要忘了自己的短处，短处是留给妞自己慢慢发现的，这种发现之旅也充满乐趣。

史上最著名的泡妞高手还有卡萨诺瓦。

他拥有多重身份：战士、间谍、牧师、作家、外科医生、冒险家、哲学家、外交使节，当然他演绎的最好的当属情人这一角色。毫无疑问，一个人能游刃有余地驾驭这些身份，必须深谙假装的艺术，是个此道高手。18 世纪的欧洲如同他的游乐场，任由他肆意撒欢；最令他声名远播的是他自称与 122 个女人有染（一说为 1000 多个）。在西方词典里，他是泡妞的代名词。“婚姻是爱情的坟墓”——这句广为流传的名言，最早也是出自他的口中。

卡萨诺瓦告诉我们：泡妞，你不仅要发挥你实际的长处，更要装出你所不具备的长处。

对于女人来说，她永远是贪婪的动物。她最希望的生活格局是：有一个物质大成的丈夫，可以给她提供舒适的生活；同时需要一个精神富足的情人，满足她柏拉图的恋情。

所以，她不仅希望你有李亚鹏的英俊，还要有卖油翁的善解人意、周星驰的幽默、周润发的成熟、姜文的男人味。她想要的根本就不是一个男人，而是遥控器在她手上的一台电视机。

所以，让她锁定你的频道。

可现实中我们看到的是什么？一朵鲜花插在牛粪上！因为她当初根本就不清楚自己究竟想要的是什么。只要你有一点吸引了她，她就会尽量发挥自己天真的想象力，把你想象成心目中完美的白马王子。所以我们大可不必被她无穷的占有欲而吓倒，因为我们每个人都有自己的优点，只要充分发挥其一去套牢她的第一印象，下面的优点就让她自欺欺人地挂靠吧！因为没有一个女人会傻到随意说自己一见钟情的男人这样不好，那样不称心，那是件多么没面子的事情！

而我们只需要去迎合她，顺着她不靠谱的幻想去假装，去顺从！不过不管她如何幻想，只要我们有了第一印象这根绳子，就让她变成风筝尽情地在天空翱翔吧！我们时不时地长一点，再短一点，她会飞得更带劲，于是就开始打心眼里美化你那博大的胸襟、细致入微地体贴和照顾，还会对你们之间神秘的距离产生极大的兴趣，等她飞累了，疲惫了，最终会一头栽倒在你的怀里。

这个时候千万不要这样做：如果你是富翁，你就不要刻意强调你的多金；如果你是帅哥，也不要觉得凭借一张脸就能让对方潮湿尖叫。

看一下现在比较流行的相亲类综艺节目，凡是不能过关的都是装得不到家的，而不是他们真的不行。这些失败嘉宾就是我们的反面教材。

泡妞的人一定要记住：泡妞，就是要把你喜欢的妞泡在“福尔马林液”里，那是最能保鲜的一种液体。在和女孩套磁交往升华的过程中，一定要记住，假装就是能维持保鲜度的“福尔马林液”。

所以第一印象很重要，泡妞开头难！可能你遇到了自己心仪的MM，并且准备进攻了，那么应该给MM留下什么样的第一印象呢？

关于这一点，我的建议是：看一下史上最装的《搭讪教主》，那里为每一个假装门徒提供的装备和套路都很周全。

没有哪个MM喜欢懒惰又不上进的男人。虽说女人爱浪漫、爱幻想，可当她们稍微冷静下来想一想，首先在乎的还是物质基础。所以对于女人，男人的最大魅力在于事业有成。这样的例子比比皆是，我就不说了，你知道的！

年轻人工作时间不长谈不上事业有成，泡妞的时候你就要让MM觉得你是个有上进心的人。别的可以胡说八道、忽悠得天翻地覆，但这个问题不能含糊，你一定要告诉MM，你对未来充满信心，你不满足于现状，并且你已经有了长远的计划，总之你的未来不是梦。让她感觉你是一只潜力股，随时有爆发的可能。哪怕她被你套牢了，也是她自己的错，要打也是自己的嘴巴。

也没有哪个MM喜欢幼稚的男生，因为幼稚基本上就是麻烦的代名词。女人找男人是找依靠的，不是找麻烦。所以泡妞要显得成熟一点儿，有责任心，会照顾人。再说MM大多天性娇小软弱，她们从来就没有坚强的天性，也没打算有。她们喜欢胡闹，喜欢撒娇。所以一定要表现得稳重一点儿，处事不惊、遇事镇定、从容不迫的男人对 MM 有致命的吸引力。

也千万不要像个小孩子，女孩子都希望能找个依靠，你要拿出自己的信心和责任心来。要让她觉得你可以保护她，让她依赖。她是花朵，你就是绿叶，而且是不断生长着的一丛一丛的；她需要的是一棵大树，跑得满头大汗可以躲在下面乘凉、疲惫了也可以休憩。也难怪现在的 MM 喜欢“大叔”，大叔不仅有足够的经济实力，更吸引 MM 的魅力在于他们的成熟、稳重和体贴。泡妞也不要太正经，更不能太随便。要让她感觉你不是一个死板没趣的人，也不能给她留下花花公子、虚无缥缈、毫无责任心的印象。当然，该正经的地方就正经，该调侃的的时候就调侃。好了，你已经能够给 MM 一个美好的第一印象了，你已经成功了一半，下一步该如何走呢？

从某个角度说，女人都很“贱”，送上门的不要，非要自己去抢去争。这样显得更有主见和追求、更有魅力也会浪漫些。所以我们一定不要死皮赖脸地去追求，让她知道你对她有意思有好感就足够了。一来至少她不会讨厌你，而女人不讨厌一个男人基本上就给了你很大的机会。你要表现出“我可不是饥不择食，见到什么女生都想要的可怜虫！”女人趋强，大多不自信，要让她觉得你是个“抢手货”，至少这就从心理上占了上风。她反而会因此充满好奇心，甚至不甘心，抱着试试看的态度来主动接近你。如此一来，后面的泡妞之路就会走得顺畅多了。

如果你是一位刚刚从国外留学回来的富二代，且开着低调的迈巴赫系列，常常与文人墨客交往，我想没有哪个女人会拒绝你的追求。但是聪明的女人都知道她不过是你的一双鞋，你要追求的也是一位家境富有、品味高雅的公主，我想她很可能在你甩掉她之前一脚蹬了你。所以说守住一个女人和经过一个女人完全是不同的概念。倘若你真心追求一个女人，千万不要过分地把自己假装成一位不靠谱的花花公子。她欣赏你的洒脱和浪漫，但她也知道，这些都不能当饭吃。在你跟她浪漫旅行的时候，最好选择做火车，要表现出你不是个没品味的“暴发户”、“冲动鬼”。

你要像个作家那样善于观察和崇尚自然的生活气息，还要像诗人那样偶尔忧郁一下。不要被无止境的烂漫冲昏了头，脚不着地，等你们平静下来，还有感情的落脚地吗？

另外，一个愤世嫉俗的人绝对是女人讨厌的类型之一。一个男人总是愤世嫉俗，在女人眼里就意味着失败。所以我们在突出自己优点的同时，不要全盘否定别人或另一个观点。我们可以常常说一些“嗯，我觉得他说得不错，但是我认为这样会更好一点儿。”“这个观点我不完全赞同。”之类既能提升自己独特品味，又不让人反感的话。

当对方或者大家都沉迷在你的“风光”里时，不妨话锋一转，来个“苦难计”，说说自己艰辛的童年，残酷的创业史之类的，哪怕掉两滴泪也不为过。其实这些也是反过来提升自己，只是气氛冷一点儿。本来对你先前的“吹嘘”反感的人也会因此而惯性地同情你，佩服你。软硬皆施、虚实相间，几个回合下来，你心仪的女子定会对你刮目相看。

而对于那些暂时把你当做“后备军”，甚至口头上一直只愿意跟你交朋友的女人，欲擒故纵是很好的方法。千万别被女人嘴里的“友谊”给蒙蔽了，那只是她的一个台阶，一个能够让她胡思乱想的缓冲过渡期。你要反复提醒自己：我是泡妞来的，不是做情感热线，也不是做妇女主任。

当一个人被绝世好妞们视为妇女主任的时候，他就连安慰品的资格也没有了。

也就是说，你其实蛮有机会的，而且不小。但前提是，让所谓的友谊来个“急刹车”，后面的交往过程中一定要摸准她的心思，适当地吊她胃口。让她觉得你并不是她想象的那么差，甚至有很多优点，只是你很低调，还没有来得及表现出来而已。比如下次跟她见面的时候，你可以换一块手表，等她问的时候，你可以说是以前的女友或者一个刚认识的姑娘送的，说得要自然，还要满不在乎。不给她问下去的机会，她如果想知道，就让她充分发挥她那强大的想象力吧！

你甚至可以借着酒醉（当然不是真的醉了），不经意地说出她的毛病和缺点，这个缺点不能太大，而且还要很体贴地说其实你根本不在乎她的缺点，甚至在你眼里简直就是个优点，是个性，是可爱之处。女人都相信男人酒后吐真言，这种细微之处的温暖足以融化她那脆弱的心灵。

虽说女人善变，其变是一方面，善也是一方面。女人心软，很容易被感动，有时甚至是自我感动。你跟她接触得多了，她付出的也随之增多，她真的会被自己的付出打动的。所以泡妞切不可操之过急，要循序渐进，有张有弛。在任何时候，女人都不会反感你对她的赞美。尽可能地取悦她，就能得到她！

05

The art of faking it (Chinese Version)

话题五　钓哥

去参加一场时尚宴会回来，猛然发觉自己落伍了。当晚最璀璨的星星居然是一个大老板的“小三”，那娇嗲的发音，妩媚的表情，还有那勾人摄魄的眼神……不仅男人们看得目不转睛，白花花地流口水，就连我们一些“祖国的花朵”也看得垂涎三尺。

或者是看到一个让人流口水的帅哥却跟一个丑女卿卿我我，让人看得两眼无光，难道真的是丑女无敌了吗?

还等什么呢?难道继续做个宅女?你的芳香只有墙角的小强能够嗅到!你那花容月貌跟摆在尼姑庵有什么两样?如果你想吸引男人，赶紧行动吧!根本不需要什么高学历高财产，甚至容貌的缺陷也不算大问题，因为这是个装 B 的时代，只要你会装，早晚会把你的如意郎君装到自己的口袋里!

这个世界是男人的，归根结底是女人的。男人只是女人拥有这个世界的工具。所以，姐妹们，誓将钓哥进行到底。剩女如果只是定义在相夫教子上，那是活该她无人问津，将会变成石女。我剩，但我很快乐。为什么?因为提出剩女概念的人，我觉得如果是男人的话，肯定是阳痿分子，满世界的女人对他毫无意义，在他眼里都是过剩。如果是个女人的话，那她肯定是从古代穿越过来的，还讲究三从四德，还想做笼子里的金丝鸟，难怪她要缠足，原来是为了好穿小鞋啊。

正常的女性，肯定都是对钓哥有莫名的期望的。

在《植物的欲望》这本书中，植物虽然扎根深处行走不便，但通过智慧控制了整个地球。如果我要写一本关于女人的书，《女人的欲望》应该是最贴切的。女人的欲望就是男人，这是多么直观的真理。但可惜的是，很多女人都回避了这点，而找的借口竟然是：我这样的灰姑娘，怎么能够吸引到男人。

拜托，植物可不会这么想，不管是高耸入云的几百米高的乔木，还是在不见阳光的地面匍匐的低矮灌木丛，甚至是苔藓，它们都有征服世界的欲望。只要有欲望，征服世界就太容易了。

征服男人也一样，那些总是想利用自己的长处去和男人谈条件的，大都没有什么好下场，这可不是危言耸听。最显著的一个例子，克林顿还经常出现在媒体中，但莱温斯基何在？

这个世界如果是不公平的，那么也是你自己造成的。

动物凶猛，但总有弱点，把自己想象成植物，男人这种动物就是你手到擒来的猎物。姐妹们，让我们在钓哥的道路上一路狂奔吧。每个人的口味都要照顾到，既可以找历经沧桑的

“味道男”，也可以对自己中意的“男罗莉”肆无忌惮地下手。

不过，男人可不是那么好哄骗的，尤其是优秀的男人。他们的口味越来越刁钻，经常看*YOHO*、*Milk*、《男人装》之类的男人大多都是有点地位和品位的人，不过虽然他们被杂志给宠坏了，不过作为以下半身思考居多的男人来说，只要抓住他们的弱点，他们终会露出原形，乖乖围着你屁股后面转。

利用男人的冒险精神和救世主心态

如果你中意一个男人，千万别太主动。那样会给他一种“送上门的没好货”的错觉，要对他欲拒还迎。不仅要让他感觉你就是高高在上的公主，还要表现得对他感觉还不错，只要他努力，还是有机会的。男人都喜欢冒险，只要他对你有一点儿意思，再给他点鼓励，他就会冒险一试。

有很多男人对某些妖娆的女明星嗤之以鼻，其实是他们嫉妒、自卑。如果那位女明星真的放下身价来追求他，我想他会推翻以前一切对她的恶评，还会把她的优点仔细翻查一遍，逐一发扬光大，四处炫耀。所以你得对你中意的男人表现得冷淡一点儿。

不过不是真的高高在上，遥不可及。而是看起来就是与生俱来的一种性格和气质，偶尔温柔地给他一点儿微笑，一点儿鼓励。你可以说："我觉得你这一点比他强多了！""我很喜欢你这方面！"之类不太表露但又表现有点儿好感的句子。

而且你微笑或者说话的时候最好表现得乖巧一点，就像林志玲那样，发嗲的声音可以像刀一样穿过男人的胸膛。男人都怜香惜玉，都把自己当作救世主似的。那好，就让他狠狠地做一回救世主吧！我们装我们的，使劲装吧姐妹们，我们都是娇贵的弱者，让那些自以为强的男人狠狠地保护我们，都砸过来吧！

利用男人的"死要面子"

男人靠什么混世界？答曰身份和脸面。所以男人什么都可以丢，就是不能丢面子。男人并非天生的幸运者，最要命的是他们还必须强撑着架子，所谓"死要面子活受罪"是也。比如说：时下，汽车俨然成了男人成功的标志，于是几乎所有的男人都爱车，有条件的要买，没条件的也要创造条件、找理由买。而一位"有身价"的女友俨然不比一辆跑车差，莱蒙托夫刚刚还在感叹普希金重名轻生，转眼之间就倒在同样决斗中的虚荣剑下；拿破仑多次蔑视婚礼的庸俗和繁缛，他的婚礼却比任何一个俗人都更加壮观。所以说，女人就是男人表现面子的最好砝码。可怎样做一个让他把你当做砝码又有面子的女人呢？那就需要我们提高自己的"身价"。

对于一个男人，没有什么比一个魅力十足、能吸引住别的男人，尤其是比他更优秀的男人的女人更有吸引力。那你就尽量跟一些成功男士约会吧，即使你自己不喜欢他，甚至他也对你兴趣不大，可一个男人至少不会拒绝一个女人礼貌的邀请。经常出没于成功男士之间且能孑然一身的女人，有哪个男人会不趋之若鹜？

但是你在提高身价的同时可不能一发不可收拾，表现得比你中意的男人还要强。要记住，对于你想钓到的男人，永远不要表现得比他还要强，因为他会觉得很没面子。所以你还得装傻，如果他说他的前老板太笨，你一定不要用怀疑的目光看着他，而是顺从他，表示他的决定是明智的、有远见的。如果哪天他的门禁不小心开了，你也千万不要去提醒他，而是把目光避开那个区域，就算他后来发现也要让他觉得你根本没发现。

利用男人下半身的一面

千万不要相信男人口中说的“除了你，我对别的任何女人都没兴趣”、“一辈子只想跟你一个人SEX”，男人很善于撒谎，尤其跟你亲热的时候，一点儿也不觉得脸红和愧疚，那几乎就是老天赋予他们的本领。

倘若一个男人跟女人睡在一张床上，一整夜都没发生点儿什么，事后他自己都会骂自己傻。就是这样，男人有时确实是下半身动物，有的男人之所以没有成为种马的原因是他们没足够的魅力。

所以，一个女人脸蛋可以不漂亮，甚至可以笨，但一定要性感。如果你碰到一个不是想跟他玩一夜的男人，请不要猴急。因为只要你不是太差，他总会想方设法把你先骗到床上再说，而且还会因此对你产生负面印象，至少你也缺少了神秘感。上面说了，男人有冒险和探险精神，没有神秘，何来吸引？

当然，一个钓哥高手首先要严格律己，至少不能让自己一开始就陷入得太深。因为男人大都会喜新厌旧，等你把感情投入太深的时候，他那下半身的尾巴就开始露出来了，脱离了起初的热情和感情。他就会自以为是地认为你就是他的人了，这也意味着他可以伤害你，即使你哭，他最多也就是对你假慈悲一番。

有一项调查显示，一个脱了衣服的女人和穿着隐约可见衣服的女人，后者更能激起男人的荷尔蒙分泌。不仅是身体，在感情上也同样适合。钓哥的最高境界就是让男人觉得你是宛如穿了一件薄纱，而他隔着窗户望着你，欲罢不能，着急得死去活来。等到这时候，你就能牵着他的鼻子走了。

假装是一个贤惠的女人

在中国，做一个贤惠的女人永远有市场。“哎呀，那我一早上的时间都要花在菜市场啦！”“还让不让人活呀，以前连我自己的衣服可都是扔到洗衣店的哦！”“你是想娶个保姆是吧！”MM们又要大呼小叫了，想让我做个贤惠的女人？门都没有！幸好我们是在假装，MM们，只要掌握了假装的绝技，你们个个都是贤惠的女人，天下男人随便你们抓！

女人贤惠，假装做饭是个不错的选择。当然我们不必真的做饭，如果真的到他家或者自己家里做饭的时候，那么恭喜你，你已经把他钓到手了，而且这位帅哥很可能就是你的如意郎君哦!

我们这里要说的，当然是在这之前。我们只需要多看看厨艺书，多看看饮食杂志，或者晚上花半个小时看一下厨艺的节目。好了，等你有了这些基础之后，你基本上就可以在你想勾引的男人面前大展厨艺了！也许有的MM会问，男人就这么好糊弄吗？答案是肯定的！要知道，现在的社会有几个男人会做菜，连煮饭都会煮成稀饭的人，他有理由怀疑你说的天南地北的菜肴是如何做成的吗？即使碰上几个偶尔也下厨房的男人，你也不用怕。你只需要说："哎呀，这个菜太普通了！""我不大爱吃这个菜！""你知道我喜欢吃什么菜吗？告诉你……"把话题慢慢转到自己熟练掌握的几个菜品中，最好有点儿偏门的，如此你就可以为所欲为了。

不过MM们也千万别太沉迷自己的厨艺，聊到做饭的话题的时候，尽量不要滔滔不绝，说个没完没了。大多正常的男人都不会花费好几个小时听你说这些，你要显得很不以为然，说几个重点，轻描淡写即可。你不经意地说一两道菜，男人们还不知道你还会多少呢!

钓哥秘笈

翘臀仔裤＋紧衬衫＋黑色文胸；

有腰身的裙裙、注意要低胸；

要穿针跟高跟鞋；

头发要过肩卷发，不要梳马尾；

卷起袖子，只扣一个纽扣，用衣襟下摆打结；

一定要有一套阳光装备，我指的是让自己看上去很健康很运动时尚的行头；

有适度若隐若现的纹身，比如《燕尾蝶》中的在乳峰上的蝴蝶；

显出若有若无的双性恋倾向。

最佳钓台

想要钓哥，场合是最重要的。想要吸引男人，总不能在过于正式的场合施展自己的媚功。某个国外不知名的乐队（最好是爵士乐）的演出酒吧，点上一杯鸡尾酒，在烛光下陶醉于即兴演出，绝对能让男人对你好感倍增。

至于在吵闹的夜店，那种一夜情的高发地段，最好不要在那里渴望一段深刻的感情。如果去了，那就赶紧把自己灌醉。

06

The art of faking it (Chinese Version)

话题六　咖啡和红酒

The art of faking it (Chinese Version)

咖啡篇

怎样喝咖啡最酷、最有品位？

喂！老板，来一杯速溶咖啡！什么？这你也好意思喊出来？你只配去网吧消磨时间！如果端上来一杯热气腾腾的咖啡，请你闭嘴！别像个刚进城的土老鳖一饮而尽，你不要脸面我还怕你烫着呢！请拿起奶丁和糖加进去，拿起咖啡勺搅拌均匀，放在那里别急着喝，更不能用勺子舀咖啡喝。

首先得闻香，用手罩住咖啡杯或试饮杯，深吸一口气，让香味自然扑进你的鼻腔中。然后观色，如果对方问起来，你得告诉他咖啡的颜色总有细微差别，其中最好的咖啡呈现深棕色，而不是一片漆黑，深不见底。如果你去的是更高级一点儿的地方，喝咖啡前还得先喝白开水，那叫清洁口腔，你是来品咖啡的，而非喝咖啡。要想更夸张点儿，你可以大声吸吮品尝咖啡。吸吮时发出“异响”并不失礼，越大声越好，这可是“行家”的表现。

几种咖啡最地道的喝法

浓缩咖啡（Single Espresso）

Single Espresso 是工夫咖啡的基本款，分量相当少，是欧洲最流行的一款咖啡，如果到咖啡馆或是餐厅点单的时候只说要咖啡，侍者肯定会直接端上来一杯这样的工夫咖啡。他们喜欢用类似 Shooter 的小玻璃杯来装，而且多数是一两口喝干，很少有慢慢品的，与中国工夫茶的细品慢咽刚好相反。

在咖啡馆里，喝 Espresso 并不需要很特别的环境，有时候甚至不需要桌子，很多人都喜欢站在吧台边一边看咖啡师怎么优美流畅地制成一杯 Espresso，然后端过来用三秒钟的速度就把它干掉。

马琪朵（Macchiato Espresso）

马琪朵因为上面有一朵淡淡的奶泡，喝的时候不要用咖啡勺搅拌，就算要加糖也最好是均匀地撒在奶泡的表面一层，找一个角度直接喝，让咖啡进了口里还能保持层次感。如果这时候点一首肖邦玛祖卡舞曲，喝这样的浓咖啡，来点儿安静中带点儿劲儿的钢琴很能显示出你的高贵品位。

双份浓缩咖啡（Double Espresso）

基本上，这是一款属于男性的饮料，带劲儿又毫不矫情，也是给真正的咖啡鬼们准备的加强版工夫咖啡。双份的意思并不是咖啡的分量加倍，而是同样多的水，咖啡粉的用量加倍，咖啡看起来还是那么多，但浓度提升了一倍。双份浓缩咖啡不要轻易尝试，因为会有上去了下不来的感觉。不过一旦喜欢上了也就无法自拔了。

康宝兰（Con Panna）

康宝兰是一杯普通的浓缩咖啡上面浇上厚厚的鲜奶油，是比较复古的一款功夫咖啡，康宝兰因为加了鲜奶油，很有点儿下午茶的气氛，可能不需要再配糕点，自身的结构已经很完整。喝的时候最好也不要搅拌奶油。

咖啡的味道要说得尽量离奇古怪

如果你喝的蓝山咖啡，你当然不能说它是一种微酸、和婉、带甘、风味细腻，口感、香味较咸的咖啡。这些都是老掉牙的说法，你得说，“它简直跟我小时候在农村吃的野桃差不多”。不过也不完全是，它里面的“柔和度”（对，就这么说，即使你也不知道“柔和度”到底是怎么回事），一进口就知道是2500英尺以上的咖啡豆（蓝山咖啡是生产于牙买加蓝山山脉斜坡2500英尺以上的咖啡豆，这事儿有点儿懂行的人都知道，但是你不能直接这么说），估计是常年云雾缭绕的结果。你难道没喝出来吗？仔细品味它，那感觉就像闲云野鹤般自在！说到此，我想在场的人早已对你佩服得五体投地了。不仅赞赏你的精准味觉，还为你那大隐于市的想象而倾倒。

记住，不管你在喝什么咖啡，都不要像教科书那样说出来，要说得很野趣、甚至很古怪，还要摆出一种居高临下的姿态来想象一番。

摩卡咖啡（Mocha）

也门出产的咖啡最好，其次为依索比亚的摩卡。摩卡咖啡润滑之中带中酸至强酸、甘性特佳、风味奇特，有巧克力的味道。

哥伦比亚咖啡（Colombia）

哥伦比亚咖啡中以Supermo最具特点。其咖啡柔软香醇，带微酸甚至中酸，甜味重且浓，色如酿好的酒。

夏威夷咖啡（Konafancy）

属于夏威夷西部火山所栽培的咖啡，也是美国唯毕生产的咖啡种类，口感较强，香味浓，带强酸，风味特别。

把喝咖啡装到最高境界

见过贵族名流吗？开宝马还是悍马？你 OUT 了！那是暴发户好不好！真正的贵族只用限量版的东西，最好还刻上自己的名字，连一只烟斗都不放过，那才叫派头、身份。幸好咖啡不是跑车，你不用花费那么多钞票也能装得很酷，很有身份。

非自制的咖啡不喝

不管在外面还是家里，都要拒绝速溶咖啡，这是一个咖啡行家的必备原则。有人会说，那该有多麻烦，为了喝一杯咖啡我都能做一桌丰盛的晚餐了。你得告诉他，喝咖啡不是用来解渴的，喝的是一种心境。当煮好一杯咖啡，满屋子都是香气，心情就莫名其妙地愉悦起来，所有烦恼都烟消云散了。当看着咕噜咕噜的气泡，仿佛一个艺术品就要诞生了！

非白色内壁的杯子不用

喝咖啡时要非常讲究，陶杯用来喝深度烘焙、口味浓郁的咖啡，比如意大利浓缩；要是喝口感较清淡的咖啡，比如巴西或者摩卡，他就一定用保温性更好的骨瓷杯。

你得说，内壁为白色的咖啡杯，那种在杯内涂上颜色，甚至描上细致花纹的货品都不要。对我来说，那些杯子仅仅是美观，却不够专业，让人们难以藉由咖啡的颜色来分辨咖啡冲泡完成的情况以及咖啡品质的好坏。

一口冰水，一口咖啡

咖啡上桌，满屋生香，先不急着喝，在阳光下观察色泽。优良的咖啡应该是呈现清澈的琥珀色，边缘锐利，中部通透；如果咖啡豆烘焙不佳、过期或者采用速溶咖啡冲泡，杯子里就是一片浑浊。

接下来喝一口咖啡？ No！先喝一口冰水，彻底清洁口腔。这可以保证我们感受到最纯正的咖啡香味。端起咖啡杯，浅浅地尝上一小口，感受一下咖啡在未施脂粉前的风味。想想吧，每一颗咖啡豆都是经过五年生长才开花结果，之后又经历了多少繁杂的工序。品味原味咖啡的每一滴，都是向自然和人工的敬礼。

加入糖，再呷一小口。这时口里弥漫的又是另一种风情。

下面可以加入咖啡伴侣了。不建议加奶，因为会破坏咖啡的原味。植物性咖啡伴侣粉最好，不会串味，还可以增加咖啡的香滑度。通常四匙为宜。

再喝一口冰水，冰水能让每一颗味蕾都充分做好感受咖啡美味的准备，咖啡味道于是鲜明地浮现出来。

红酒篇

怎样喝红酒最高雅、最傲气？

点一瓶随便什么超市就能买到的国产葡萄酒，然后像喝啤酒一样一饮而尽？呸！你也配喝红酒？如果在场的人佩服你酒量好，即使是你的员工，在心里也会骂你粗俗！请从酒杯正侧方的方向水平看过去，轻摇酒杯。然后倾斜 45 度角五秒钟，再把鼻尖探入杯内，皱下眉头先，不管是多贵的酒。喝一小口，这时脸上尽量多几种表现，接下来你就可以开口说了，说什么？下面将会告诉你，等着吧！

记住：红酒不是用来喝的，而是用来装的！除了行经期的女人，她们才会求助于红酒的喝什么补什么。

在中国，如果你想喝酒，喝好酒，那你喝五粮液、茅台好了，没有人会埋怨你没请他吃好、喝好。但是喝红酒，就是另外一回事了。没有人会傻到点一箱拉菲的酒庄酒把客人喝倒，喝醉！在中国，红酒几乎就是交际和时尚的代名词，当然那些没事喝着二十元一瓶说是用来养生的门外汉除外。

普通中国人对葡萄酒的知识知之甚少，如果有一个不懂装懂的人说《龙凤斗》里面，和到酒铺里偷到了一瓶天价酒是多么多么的好，你得抢断他的话告诉他，那是 1961 年的 Cheval Blanc（白马）。如果他还半信半疑，或者假装说："哦，这我也知道！"你得继续往下说，它是来自波尔多圣爱美隆（St-Emilion）产区的一级庄园，与拉菲、Petrus 等并列"八大酒庄"。尽管 1961 年的白马并不如 1947 年的满分白马经典，但分数丝毫未能动摇它的江湖地位，始终 1961 年是波尔多地区 20 世纪以来最为优秀的一年。因此 1961 年的白马被喻为世纪佳作而且极为罕有，就算有的卖也是天价，影片里说它价值 6 万元。这个时候你基本上就把他给灭了。

如果周围有人起哄要你说说《门徒》里的天价酒王，你可以说其实人们以为最贵的拉菲并不算什么，其实相对于 Petrus（珀翠，又译柏图斯）来说它并不贵。Petrus 是酒客、行家们公认的酒王，加之其产量稀少（全世界每年只出产 25000~30000 瓶），拥有 Petrus 成为身份、地位的象征。影片里出现的 1982 年 Petrus 拿到了 98 分的高分评价，属于超级好酒。当然，若有人兴致一上来，叫你继续传授点儿葡萄酒的知识，你还需往下继续学习。

葡萄酒入门级知识

品尝葡萄酒步骤

先把瓶口的铅封用锋利的小刀旋开后，要用干净而柔软的布把瓶口擦干净，以免脏东西混进斟出来的酒里。然后是换瓶。白酒不用换瓶，但陈年红酒有换瓶的必要，因为红酒在贮存的过程中，会产生沉淀物，它们对气味没有影响，但会令酒色混浊，口感不快。把酒尽量慢地倒进水晶瓶里，剩下有沉淀的部分不要。

接下来是让红酒呼吸，也就是氧化。换瓶后让红酒在空气中呆一会儿，白酒就不用这一步骤。经过呼吸的红酒，略显粗糙的部分会更柔和，增进了平衡度，口感受更佳，切不可忽略，一般放 15~30 分钟即可。

饮白酒的最佳温度是10度，在这个温度酒的复杂口感与力度才能达到顶峰。一般人的毛病是把它冰得过冷，如果在5度以下，酒质明显会次一级。红酒的最佳温度是16~20度，如果温度太高，酒质会流入平面，欠缺深度，结构也较涣散，香味散失或者不集中。

在一般餐宴场合点葡萄酒，侍者把酒送上来时，一般大声读出酒的年份和品名。点酒的人要仔细地检视瓶子上的商标招纸，看有没有上错。检验无误后侍者在桌前开封，把拔出来的水松塞给点酒者，你用两指用力捏一捏瓶塞，如果较湿，表示储存方向正确。倘若干涸不堪的话，用味觉尝试时就要谨慎了。

检视完瓶塞，侍者会给点酒人士斟上大约1/5杯的酒，这是检验来酒是否合格的最重要一关。比较考究的试法，是先轻轻嗅一嗅，然后把酒荡几荡，再嗅，第一感觉与第二感觉均满意时再用口试。轻轻呷一口，让酒在口腔里留一会，看酒有没有变化。然后再来一口，看酒是不是名副其实。品酒行家强调，品酒时需要一只长脚玻璃杯，杯身清澈透明，干干净净，长脚则方便你拿着酒杯轻轻荡漾，让杯中美酒慢慢散发醇厚酒香。

做好这些准备工夫后方可把酒杯贴近鼻子，细闻酒香，并在脑子里建立香味的图像：是芬芳的清香，还是含蓄的幽香？

是轻盈、怡神、还是浓厚、辛辣强烈？品过香气，才喝进嘴里。含一小口在口中回荡，感受其复杂的味道结构。当完全了解了酒味后，才让其缓缓流入咽中。这些流程走完，是不是有羽化而登仙的感觉？

葡萄酒的味道

葡萄酒有几种基本味道，喝酒的人品尝的就是这些味道以及它们之间的分量结构。基本味道有四个方面：

1. 酒香。就是闻到的香气。凡酒必有香，只是一些较为浓郁，一些较为清淡。酒香取决于酿酒所选用的葡萄品种及质素，至于酒酿发酵方法及所用器皿（如橡木桶）也会影响酒香。

2. 酒酸。葡萄酒都有酸味，假如酸味过浓而其他味道过淡，则只是单调的酸水，不是好酒。欠缺酸味的酒，也不是好酒，只是含酒精的果汁。而如果酒酸适中，则可令人精神大振。

3. 酒味。所有葡萄酒都是果味，即所谓酒味。有的是葡萄味，有的果味则很奇特，令人想起荔枝、苹果、西瓜、蜜糖、烟丝、干叶等。

4. 丹宁酸。与其说丹宁酸是一种味道，不如说它是一种口感。葡萄酒中微涩的感觉就是丹宁酸的作用。如果单宁酸含量过高，则会令口腔产生干涸不适的感觉，特别是上颚。

要聊就聊最贵的酒

聊葡萄酒的时候聊什么才能灭掉别人？当然是最贵的酒，越贵越好，越没人喝过越好，因为即使你说错什么，他们也无法取证。比如大瓶装（5 升佳酿）摩当豪杰酒庄（Chau Mouton-Rothschild）葡萄酒，1945 年产，这一年被公认为是 20 世纪最好的酿酒年份之一。1997 年伦敦佳士得拍卖行售出，售价 11.4614 万美元。按照惯例，买家的身份未被公开，但如果他哪天打算试品佳酿，请他一定别忘了，不少人随时愿意为这瓶宝贝做一下“专家鉴定”的。还有最贵的烈葡萄酒（fortified wine）由马桑德拉（Massandra）酒厂藏酿，1775 年份雪利酒；最贵的白葡萄酒是 1784 年份迪琴酒庄白葡萄酒等等，你可以在网上或者书上多翻查些资料，以备用，这里恕不一一举例了。

小偏门可以提高大身价

如果碰到一个同样平时备足了红酒知识的人怎么办？跟他死磕聊个没完没了？歇菜吧你！不仅在旁的人觉得你无趣，就连你自己也会觉得不好意思吧？没关系，教你一招。

一个顶级建筑师说出建筑结构是如何精确细微，那是没什么的，因为别人觉得这是理所当然的，可如果他告诉你第几层的钢结构特意安装了某个螺丝以及产地，那就牛掰了。同样的道理，你跟一个“葡萄酒痴”说葡萄酒没多大意思。你可以说点偏门的，比如葡萄酒瓶底为何凹进去？你得告诉他，因为葡萄酒经过存放以后，或多或少会出现一些沉淀物，这包括色素、以及酒石结晶等等。尽管不会影响我们的健康，但是，谁也不愿意把这些沉淀物喝进嘴里，所以，当酒瓶出现沉淀时，饮用前需要进行“滗酒”。如何能够少浪费酒，而充分分离沉淀物呢？这就是原因了。

说到这里，大家肯定会“哦，原来是这样啊！”从心底里佩服你对葡萄酒的精湛认识。

你也可以说说软木塞对葡萄酒的价值：好酒配好塞，一般需长久保存的顶级葡萄酒才会采用软木塞。天然软木塞一般采用树龄五十年以上的栓皮栎树皮制成。栓皮栎生长在地中海沿岸，如葡萄牙等，生长缓慢而且稀有，树龄达到五十二年后，树皮的厚度和密度才能达到做软木塞的要求。葡萄酒都是平放保存，时间久了，酒会从软木塞渗透出来，因此，一般可以长年收藏保存的顶级葡萄酒的木塞会长一些，一般不会短于五厘米。

2005年5月，帕梅尔酒庄专程派专家从法国赶到澳门，为

赌王何鸿燊收藏 的50箱（600瓶）已有44年酒龄的帕梅尔进行换塞。新木塞上除了印有“1961”字样，还有“Recorked in 2005”字样。酒庄承诺，不会再为任何Palmer 1961换塞，赌王收藏的Palmer 1961成了独一无二的，收藏价值大大提升。

酒杯也是利器

好了，如果通过上面的资料和自己的翻阅了解了葡萄酒的文化和知识，你会在宴会上兴致勃勃地对着粗糙印着些品牌LOGO的小玻璃杯开瓶倒酒吗？如果是，那你就白学了！你得装到底，装到底，才能把你周围的人一一给灭了，才能做个霸气外露的人！

好的葡萄酒是有着特殊气质与复杂层次，而没有一款足够分量的酒杯是无法表现它的魅力的！你还要说，如果不使用酒刀开瓶，不用高脚水晶杯啜饮，就好像用大白瓷缸喝功夫一样俗。

当然，你不必随身带着一款中意的酒杯，你大可以把它寄存在常来的餐厅。等朋友用廉价的酒杯盛好酒时，这时你得拒绝倒酒，而是叫服务员去拿你“私藏”的酒杯，等那水晶闪亮、做工精美，就像美女和高级定制的礼服一样，为你的葡萄酒量身定做的那款酒杯，早已经有人对你肃然起敬了。

入门级装备小贴士

质地：机制和手工的水晶杯；

品牌：德国 Schott Zwiesel、Spiegelau；奥地利 Riedel；法国 Baccarat；

器型：学会使用六只杯子基本够用。所以波尔多杯、勃艮地杯、白葡萄酒杯各两支是初级最基础装备。其次可根据需要加香槟杯、专业试酒杯等。

07

The art of faking it (Chinese Version)

话题七　书籍

The art of faking it (Chinese Version)

做个不读书的爱书人

伪装成一个爱书人是容易的，但是要不被人戳穿，那就需要掌握一定的技巧。除了作家、作品、书评之外，在关键时候你还需要表现出写作的技巧。

没错，是写作技巧。很多人都觉得掌握尽可能多的资讯，能够让自己看上去像个文化人，但是这也容易露馅，你可能会碰上一个怪叔叔，对你穷追猛打。要知道，他可能是一个真正的书籍卫道士，撞在他的枪口上，他肯定会话逢知己千句少，你不仅烦得要命，还有可能被他榨出你的真面目。这个时候，你不妨用更大的热情，来告诉对方，其实你是个写作爱好者，是个作家。你读书，关注作者，关注评论，是为了确立或者提高自己的写作能力。

好了，接下来，你就可以卖弄你的写作知识了，这样做的好处是，写作是一个非常自我化的话题，你可以成功脱身回到安全地带。这就是卤水点豆腐，一物降一物。不读书的人看到坐公车都拿出一本书看的人，只会敬畏一分；经常看书的人看到自己动手写的人，会敬畏三分，甚至会头大。

如果碰到一个观点严肃落伍的人，你不妨说一下韩寒、郭敬明和郭妮，告诉对方：现在销售数字决定图书出版，高雅当不了饭吃，有粉丝捧场才有话语权。

你还可以说，你关注的是不广为人知的出版物，不为一般刊物和出版社所接受的作者。你崇尚的是精简主义的信条，告诉对方波德莱尔和福楼拜的观点：一本书的读者不应该超过500人，以及，为50年后出生的读者而写作。

为了消除他人的疑惑，你可以例举一下美国的中文刊物《今天》，那上面经常会刊发某个国内作者的近作，他们迥异于苏童、王安忆等体制内作家，而这恰恰是他们的最大价值所在。例举一部在《今天》发表的作品，这完全可以帮你确立优势：《今天》大名鼎鼎，至少在国内大型文学刊物都纷纷萎靡的状况下，更足以显示你的阅读视野；同时一个很多人听都没听说过的作家，也会让他人对你刮目相看。

如果你不想让他人误解你的身份，对女士的忠告是：最好不要将一个貌似公共知识分子的书和你的口红放在你的手提包里，特别是如果旁边还放有避孕药具之类的。因为一个笑话说过：小姐才会将这些东西放在一起。

装品书人的捷径

即使你很少买书，也很少翻书，但只要做到以下几点，仍然可以让你万无一失。

1. 了解当当、卓越等网上书店的榜单；
2. 留意你所在城市的报纸书评栏目；
3. 记住几个大城市的民营书店；
4. 关注几个重点作家；
5. 进入某一个圈子。

经常关注网上书店的榜单，就可以大致了解图书当下的行情。那些上榜书也许都是“潜规则”的产物，也许都是快餐消费，应该被列入打假之列。但你还是可以做到：了解书名；了解目录、序、后记、价格等相关信息；了解正面或者负面的评论。

一本值得谈论的书肯定会引起议论纷纷的。这个时候，你可以说：

“这本书很有意思，因为好的作品都会激发人的联想。看了这本书，我自己好像是在创作一样想到了很多。感觉非常棒。”

“作者已经黔驴技穷了，这本书应该成为他的封笔之作。因为他再写下去，估计对人类而言都是一场灾难。”

“好吧，这本书我看过，但我觉得写得最好的是他的前言。后面的根本就是狗尾续貂。”不管这个前言是作者本人还是请人写的，杀伤力都非常大。

想想看，读书人最爱去的地方是哪里？即使网络书店已经拥有了半壁江山，但是实体书店还是有它独特的影响力，尤其是民营书店。在网络书店购书，你跟别人说，是在当当或者卓越或者孔夫子买书，这么说没有任何“范儿”。同理，你在新华书店去购书，也没有值得一说的。但是，去一些比较有名的民营书店，感觉就完全不一样了。甚至当你出差或者旅游到一个地方，去闻名已久的民营书店转转，感觉还真是不一样。

所以，你不妨拥有你自己的民营书店地图，在说到某本书的时候，不着痕迹地点一句：“是的，我也很喜欢这本书。当时在广州的博尔赫斯书店看到它，我就觉得如获至宝。”比如上海的季风书店、南京的先锋书店、广州的博尔赫斯书店、北京的单向街书店等。

开书店的人大都有一些恋书情结，所以他们的书店也会形成独特的品味。这给购书人带来的感觉也是不一样的。只在网上或者新华书店买书的人，就好像妙玉眼中大口喝茶的人一样，是不值得和他交流的。

现在于博客之后，又出了微博，我们能够更便利地关注作者。我们可以提前知道作者的新书出版计划。“韩东的小说语言真是太精致了，我奶奶平时都不看书只读报纸了。但我把《扎根》放在家里，她竟然把它看完了。”“现在还有谁像韩东那样坚持纯写作呢，他的坚持真是无与伦比。”“他的新小说下个月就要出版了，真的是很期待啊。”

你还可以加入 QQ 群或者豆瓣小组，还有关注微博，就可以得到更多的讯息。如果别人说的都是你已经知道的，那么确立你的优势就很容易做到了。你可以说，“事实上我很喜欢这本书，但评论家败坏了我的胃口。他们要么不遗余力地吹捧，要么不顾事实地贬低。这些评论家，他们一点儿都不懂创作，却左右了创作，真是杯具啊。”

应该避免的

1. 不要对一本具体的书滔滔不绝。也许说到的某本书恰恰是你看过的，于是你就开始像唐僧那样啰嗦个没完。这是个陷阱。你说得越多，失去的也就越多。如果是一本畅销书，你说得越多，别人就会笑你，花这么多精力读一本没有意义的书；如果是一本很冷门的书，本来寥寥几句就可以为你挣足分数，但你说得越多，别人就越觉得，这本书是个垃圾。

2．不要让别人知道你是一个购书狂人。如果不巧在办公室被朋友撞见你从快递人员手中接下十几本书，一定要让人觉得你这是为了查资料用，里面都是同类型的参考书。不要让别人知道真相，假如他们知道你每个月都花薪水的十分之一购买书籍，他们会立刻产生一个疑问，他买那么多书干嘛？他能读完吗？

3．即使你要在办公室或者书房里设置书架，一定要记得撕开塑封，最好要有翻动的痕迹。如果一本书没有拆封，那它的存在就是个错误；如果没有翻动的痕迹，那它就没有意义。

4．有些书是快速消费品，没有保留的价值，如果购买它纯属是为了打发时间，那么就应该在之后及时处理掉，例如机场书店里的全部商品。

关于畅销书

将热门书籍进行冷处理是很高明的，在任何时候都不会过时，哪怕你根本就没有看过。是的，我知道韩寒、郭敬明是现象级人物。但是我也知道，现象级人物往往不是褒义词。所以，避而不谈他们的书籍肯定不会让你日后后悔。你可以这样说："韩寒是一个非常有意思的人，他有自己的追求目标，表现得也很杰出。毕竟他跳出了写作的囹圄，玩赛车还是很酷的。""至于郭敬明，哦，写作失败的人才会去做出版，所以他挣得钱越多，也许只能说明他的写作有多烂。"

当然，你也可以谈谈伪公共知识分子，他们的文字也许只有小学六年级的水平，而他们的观点也只是遵命观点。很奇怪有那么多人还会去买他们的书看，老实说，很多网络论坛上面的帖子观点要比他们更有主见和担当，而且文字也更值得称道，当然这样的帖子被删的也很多。四平八稳的文字可以博取到一些资本，但曲低和众恰恰能说明这种公共知识分子的败笔。

不妨大方承认："我没看过梁文道的书，但他的大名却如雷贯耳，也许这就是娱乐的精神。"这个时候，谁还会对梁文道先生夸夸其谈呢。

说到这里，上世纪70年代和80年代的人都应该感到幸运，因为他们都和余秋雨大师擦肩而过。想当年余大师的散文席卷中国，何其壮观。还好，70年代的人那时为赋新词强说愁，余大师绚烂得过分的文字正好是梦一般的点缀，梦醒聊无痕，是最好的写照。而80年代生人那时候还穿着开裆裤，所以他们大多不买余秋雨的账，也是在情理之中。当然写散文也许是颓废至极的中国人的普遍情结，正如小说家朱文说过，“写小说是生孩子，写诗歌是做爱，写散文是意淫。”（大意如此）既然牵扯到意淫，我们当然可以产生很多不坚不举的丰富联想。说到余秋雨，我们会在后面继续谈到他的另一个身份，那就是评委。在此不作赘述，当然，写出风靡全国的《文化苦旅》的大散文家，做一个海选节目的评委，这是多么华丽的转身，简直像皇帝的新衣那么让人惊奇。

更让人惊奇的还有《百家讲坛》的系列衍生书籍，于丹和易中天们，就好像以前贡院里的先生，他们的讲义，有点儿四不像，既不是训诂学，也不是考据学，仅仅是将古文翻译成白话，就有了无数的拥趸。说实话，刘半农、钱玄同们知道了，一定要做首打油诗哀叹：“天上飘着些微云，地上走着些人群。半部论语治天下，我有我的擀面杖。”

好了，说到这里，大家不难明白，书籍之所以付梓是有其原因的，其走红更是天时地利人和缺一不可，当然也可能是路过的一阵妖风导致的。当外版书（包括繁化简）源源不断地成为书山的时候，原创几乎只能“挥刀自宫”，版权输出也就是一种梦想了。

所幸的是，读书还是一种能够让人沾沾自喜的事情。书中自有颜如玉，所以我们同病相怜。我们要做的是，将风雅的书籍压在厚黑的书籍之上。夜半无人时，估计有很多禄蠹在拼命地学习帝王将相成功人士的厚黑之道，虽然他们更喜欢标榜香港出版的繁体《金瓶梅》（禁书）、一套《年代诗丛》第一辑（滞销书）、几本文物一般的自印文学刊物（早就绝版的《他们》，坚持到现在的《今天》）、一件“坏蛋”独立出版的T恤、一本民营书店的假书笔记本。

你应该这样做

1．在你卫生间的抽水马桶前放上一本书，这本书也许你永远不会看完，或者根本就没有看过。这不重要。你的朋友会很好奇，他会说：“喔，你最近在看这本书啊。”于是你说：“这是一本能够让我大便畅通的书，绝对绝无仅有。”

2．在看书的时候，戴上一副黑框眼镜，用一只碗做烟缸。穿卡通拖鞋，手指上最好有一枚纸戒指，显得你是无所事事的时候拿上这本书，却不经意间被它迷上的。

3．适当补充你的阅读范围是很必要的。例如，看一本《时间简史》或者《植物的欲望》，读一两本心理逻辑学方面的书，尤其是维特根斯坦的《逻辑哲学论》，感受他那朦胧诗一样的语言，会让你魅力大增。当你和别人在聊天的时候，表现出这样的姿态是很重要的，就好像冯巩说的，“相声界里我演电影最好，电影界里我说相声最好”。对着一些自以为是的艺术家说一下陈丹青的《退步集》，对着一些不学无术的摇滚家说一下张楚的诗歌一般的歌词，这些都能让你听上去与众不同。

4. 在你的办公室里必须备有一本包了白色封皮的书，例如《三国演义》，然后在封皮上面自己用水笔写上随便一个书名。

5. 当你辞职或者跟某人闹掰了，取走属于自己的东西时，一定要把一本书放在最上面，最好是一本比较生僻的书籍，例如小安的《种烟叶的女人》（最时尚和隐秘的职场白领读物，诗集），或者顾前的《萎靡不振》（一本短篇小说集），就好像那句名言：“离开就是死掉一点点儿。”所以离开和告别，最好的辅助诠释就是萎靡不振。单是它们的名字就是那么奇怪，好像你跟这本书已经形成神秘的呼应。

The art of faking it (Chinese Version)

话题八 戏曲

The art of faking it (Chinese Version)

不仅文艺，还很文化

中国戏曲在世界剧坛上占有独特的位置，与古希腊悲喜剧、印度梵剧并称为世界三大古剧，已有上千年历史，堪称国粹。到了近代，梅兰芳的崛起，更是让业内人士惊呼：梅氏体系和布莱希特体系、斯坦尼斯拉夫斯基体系昂首并立，合称世界三大演剧体系。

梅兰芳是中国著名的京剧演员，以他为代表的中国戏曲在世界戏剧中独树一帜。如歌舞、对白、表演、杂技的综合性，道具、布景、动作的虚拟性，动作的舞蹈化，表情的程式化等。可惜的是，相比国外两大体系，在理论上还没有作权威的、系统的总结，这是一大遗憾，也是京剧在四大花旦之后难以振兴的重要原因。

当然，京剧并不足以代表中国戏剧的纷繁。中国剧种之多，完全可以申请吉尼斯纪录。你完全可以这样说，“中国戏曲，除了表情达意之外，更体现为一种说话的艺术。所以，有多少种方言，就有多少种戏曲。”你不妨在京剧、昆曲、黄梅戏这些耳熟能详的剧种之外，加上秦腔、梆子戏、目连戏等，保证让他人对你刮目相看。

中国戏曲虽然整体呈现衰退的势头，但是由于一些铁杆粉丝的存在，还是在华丽地延续着一脉生机。对于发自肺腑喜欢戏剧、从戏剧里不仅能找到乐趣，还能找到精神寄托的骨灰级戏迷来说，当然不在“装”的行列。但是，对于年龄阅历都还没有达到，却显出“淡定的暮气”的人来说，戏曲确实值得去“爱”。

和戏曲套磁套近乎，虽然会考验一个人的耐心，让眼睛和耳朵，甚至心，受到非同一般的锤炼，也许还会获得“怪人”的称号，但这些都是值得的。因为戏曲作为一种艺术，不仅文艺，还很文化。如果在周末，不是去坐在3D电影院里，欣赏《阿凡达》或者《肉蒲团》，而是坐在国家大剧院里，面不改色心不跳地看完《盗御马》、《牡丹亭》或者《珍珠塔》，摇头晃脑，比手画脚，感觉到“戏曲小舞台，人生大世界”，不就是一种境界的升华吗？

最关键的是，当别人说的《天鹅湖》、《雪狼湖》、“鲍勃·迪伦演唱会”、“798艺术工厂”等，你也能如数家珍，而你说的凝结中国传统文化的戏曲，别人却像是看到了外星人，完全是丈二和尚摸不着头脑。我们要的就是这个效果，在冷门孤僻的艺术之路上一路狂奔。如果你是一个民粹分子，你可以表现出“你们都是数典忘祖拿绿卡的人，完全没有必要知道这些中国土艺术啦。”

装的最高境界就是，即使别人心里很不爽，还不能对你奋起反击。因为反对者即使是喝美国文化的奶长大的，但是这里是中国，他们难道能动不动就去美国华盛顿中心舞台剧院，去百老汇，观看一场地道的美国文化盛宴？

这就是在中国，假装戏迷的优势所在。不过，在装传统文化拥趸的时候，千万要注意一点，那就是兰花指的使用。在生活的任何场合，千万慎用兰花指。因为别人很难公然嘲笑你是戏迷，但他们会毫不留情地嘲笑你的兰花指，说你是“花旦”，是“公公”，特别是对于男性。

不过在西餐厅进甜点，或者喝咖啡的时候，女性不妨展开兰花指。在迥异的文化氛围中，所有的光芒会集中在你小指的指尖上。特别是当一个女孩，想要钓海归或者老外的时候，绝对会让他们心猿意马。

当他们捉住你的手，吻你的小手指的时候，你就能明白，他们不仅被你的个人魅力所折服，而且还着迷于你背后强大的中国文化。这就是兰花指的魅力。

学会欣赏和赞美

想要和中国戏曲亲密接触，向他人传达你玩的不仅是小众文化，还是入选世界文化遗产的顶尖文化，那就必须要做一些功课。适当地接触一些戏曲典故，可以让你应对各种赞美或者质疑，不让刁钻者将你的伪装无情地拆穿。

名角典故要知一二。在《梅兰芳》电影倾情演出后，估计很多人都知道梅兰芳和孟小冬的哀怨情史。梅兰芳是男饰旦角，孟小冬是女饰老生，所以有好事者极力撮合二人。这也是那个时代名噪一时的典故。据说，梅兰芳的原配夫人福芝芳对孟小冬说过这样的话：他不是你的，也不是我的，他是座儿的。这话说得确实有水平啊。梅兰芳之所以取得这样的成绩，成为这样的大师，确实和他的人生境界有关。

唱戏如做人。唱戏的人要有境界，听戏看戏的人也得提升境界。这话听着玄乎，其实是个理儿。过去戏曲演员没有地位，现在戏曲演员没有观众，但唱功还得练，靠一口气儿吊着。这演员的人品也得练，也要靠一口气儿吊着。看梅兰芳、新凤霞、常香玉、严凤英等人，莫不如此，不仅在行业内技术精湛，就是在气节上也胜人一筹。唱戏是做人的延伸，正因为这样，戏曲的血脉才没有断，戏曲的好才有人欣赏。

戏曲的传承也有很多说法。从老一辈的程长庚开始，到四大花旦，林林总总的名角儿出来不少。有在饭局上用筷子当剑使来传授技法的，有面壁三年突然开窍唱出声的，有偷师学艺青出于蓝的，有父传子但带旁听的，有坚持做票友修得正果的，还有互不相让摆擂台的。

说戏曲是一门伟大的艺术，这确实不假。你得掌握一些必要的准备，才能看懂戏曲。例如昆曲中的“正吹”，其实是昆曲笛师的别称。笛师为昆曲文场乐队之首，故以“正吹”一词称呼笛师。还有黄梅戏中的“三打七唱”，即三人演奏打击乐器并参加帮腔、七人演唱。至于京剧，那就更多了，水袖、变脸等，都是大家津津乐道的话题。

如果仅仅停留在对水袖和变脸的迷恋上，你很快就会被人视为假道学。你还要适当地关注中国戏曲的发展和命运，加入戏迷协会，经常光顾戏院，奉献给戏曲（哪怕你昏昏欲睡）几个小时的时间，都会让你成为“圈里人”。

近年来，因为台湾作家白先勇改编的“青春版”昆曲《牡丹亭》火了一把，成为了难得的盛宴，在北京、上海、广州、苏州等地上演，更是培养了一批年轻的粉丝。华丽的唱腔，美轮美奂的服饰，让很多初次接触到昆曲的观众惊为天人。无论有没有亲历过，你都可以这样说：“昆曲演员的表演，高雅完美得让你倒吸一口冷气，屏息凝神，欣赏过后是拍案叫绝，余音绕梁三日。”

或者像余秋雨大师那样说，“文学的商业化总比官方化要强。艺术向来都是如此……”

当然，更进一步抬高自己身价的说法是：“也许白先生的身份和家世背景，对这次盛况也有了很大的助推作用。”当《金大班》也拍成电视连续剧，由大众情人范冰冰主演的时候，你更可以抖一下这个包袱。

“青春版”《牡丹亭》是原汁原味的南昆风格，此外还有北昆，那就更加偏僻了。朱复先生说，北昆现在不受重视，倒是日本人传承了一些，再过几十年，要听到北昆，可能就要去日本了。这样的说法，更显得你是一个挽救民族遗产的爱国分子了。

也许正因为这些年戏曲的不景气，才愈加显得戏曲迷的曲高和寡、任重道远。因此，也给我们的假装多了一份神圣的借口。

如何伪装成一枚票友

戏曲可以将生活中的任何场景和事件搬上舞台，然后在虚拟的舞台空间进行诠释上演。这个时候就成为演员和观众的直接交流。演员演得好不好，有没有人捧场，就要看观众认可不认可了。反过来说，坐在戏剧舞台下的观众，想要表现出自己是一个资深的票友，也是有绝活的。具体说来，就是把握叫好儿与喝倒彩的时机。

京剧盛行北京城的时候，它成为王公贵族的最爱。这个时候，除了比拼谁能请到大腕儿来自家助兴，还要比拼自身的京剧素养。最资深的票友，完全可以同自己力捧的明星同台演出，或者演主角，或者演配角，都毫不含糊。在剧院茶肆，普通的票友，都会以资深票友马首是瞻，他喊好儿，大家纷然相许，他喝倒彩，大家也轰然相应。

梅兰芳是属于“座儿”的，而“座儿”的最大乐趣就在这一声喊好儿，无论是金石之音的赞赏，还是阴阳怪气的喝倒彩，都是“座儿”的专利。

想要喊到点子上，让别人都觉得你是一个有几十年浸淫的资深票友，知道下面术语，是很有必要的，它们不仅能帮你喊准点儿，还能让你有其他的深刻见解，不会成为像别人口中嘲讽的那样，只会“啼叫”一声儿，倒不出其他的货。

“一道汤”。指京剧演员缺乏独特性的表演，致使角色形象不明显，千人一面，没有变化，也就没有味道了。这些演员也就是俗称的跑龙套的，一般受不到关注。

“一棵菜”。主要角色与次要角色之间配合默契，乐师和舞美等都浑然一体，使整个演出无懈可击。这个时候就要不吝赞美。

“斗”。指表演者的形体动作僵而不活。“老斗”意为外行。“小老斗”指称刚刚登台的没有经验的演员，指其表演呆板、不生动、不和谐，全身斗而不活。

“台柱子”。即戏班或一台戏的顶梁柱的意思。指有号召力、支撑戏班全副重担的主要演员。台柱子上台，叫亮相，一般要叫好儿。

“吃栗子”。因台词不熟或因心情紧张，演员在表演中念错台词，或念得结结巴巴，或将已念过的台词又重复念出，都叫作吃栗子。亦称奔瓜、吃螺蛳。这个时候不妨喝个倒彩。

“底围子”。指戏班中，除主要演员外，扮演配角和群众角色的演员，也不受观众的关注。

“实授”。京剧分为不同门派，其一招一式、一字一腔，都有特定的身法唱腔。这些方面完整地得到过名师指点的叫作实授。如果是靠看戏学戏，但在表演的细部由于未能登堂入室而显得粗疏乏味，不够玩味，这就叫做不实授或“瞟学”。在叫好或者喝倒彩的时候，适当地指出其师门传承，也是显摆的有效方式。

“棒槌”。这是对不懂京剧表演艺术的外行人的讽刺性称谓。棒槌是一种实心的木棒，以之比喻外行，含有讽刺对京剧表演一窍不通的意思。欣赏中国戏曲，如果草草就之，没有一点伪装，很容易被他人这样讽刺。当然，洞穿他人的假装喜爱戏曲，也可以用这样的方式拆穿他们的伪面目。

中国戏曲博大精深，对其他剧种，也可以用这种方式去亲近。而且由于它们的媒体曝光率更低，所取得的效果也会更明显。

09

The art of faking it (Chinese Version)

话题九　电影

曾几何时，人们纷纷重新回到了电影院，只是多了几分淡定。生产电影的文艺工作者们个个喜出望外，都认为广阔天地大有可为，他们不仅赚得盆满钵满，还赢得了人类灵魂工程师的美称。于是，他们不停地生产，观众们就不停地掏腰包。电影成了人们娱乐生活中谈论最多最广的一部分。

票房才是硬道理

近年来，全国影院票房屡创新高。有点眼力劲儿的人都知道影视行业是一名利双收的行当。据说，现在那些温州炒房团现在不炒房了，炒房的利越来越少不说，名声也不太好，改玩电影吧，他们换上一身马甲就成了电影投资人、制片人。

那些还未成名的入世不深的导演，拿着新鲜原创的剧本，兴冲冲地找到这些投资商或制片人，希望能够梦想成真，至少先套点儿钱花花再说。

投资人、制片人虽然可能文化文凭不高，但摆谱绝对有一套，等看过剧本之后就说：“你这个剧本的确颇富有生命力，也具有一定的艺术价值，可就是把握不住时代脉搏，你看看现在的谍战片多火，你应该写一个谍战片的剧本嘛，再加点爱情故事，这就叫革命浪漫主义，票房不大卖，你来找我。小伙子回去再改改吧，别着急，毕竟花的是我们的钱，我们的钱也不是天上飘下来的。”

年轻的导演或剧作家，当然不能当面翻脸，大家都在这行混，收敛点儿血性是应该的，可心底里可能骂上一百遍：“你丫又给我装大爷，不就是有几个臭钱，老子的剧本牛得一塌糊涂，天下第一。”当然，那也肯定是他自以为牛逼，自以为天下第一。

不过，从此可见一斑，大多数的投资商、制片人，甚至导演本身，都认为票房才是硬道理，至于有没有什么艺术价值，那都是扯淡的事儿，更何况我们的观众大部分都没上过艺术赏析课。还记得《十面埋伏》吗？章子怡饰演的盲女歌姬，死了又活、活了又死，的确让观众有点看不太懂，可这又有什么关系呢，在当年这部电影还不是票房第一，观众还不是爱看？

难怪其制片人张伟平大言不惭地说：“票房才是硬道理。”而观众的质疑和影评家的骂声，都可视为小部分人的别有用心。再比如，姜文2007年的作品《太阳照常升起》，是够文艺的了，可人们进了影院落座没多久就此起彼伏地打起瞌睡来，艺术不见了，周公却来了，最终该片以2000万的票房惨淡收场。面对媒体的发问，姜导依旧是那么酷毙，一副“拍自己的电影，让别人说去吧”的态度。

这么些年过去了，这个“硬道理”深入人心，不仅让转型要拍商业片的导演深信不疑，就连观众也相信了。观众要判断要不要去看某部电影，就得看看这部电影前几天的票房如何：票房高，就去看，至少图个热闹；票房不高，就不去看，留着钱买东西吃。

现在票房过亿已经不再是什么新鲜事儿，新鲜的是谁拍了部电影票房过不了亿。电影不怕滥、不怕没文化、不怕没价值，就怕没票房，因此没票房也要制造点假票房。有这类嫌疑的如去年上映的《唐山大地震》，不过这个风波很快就被该片的高票房淹没。该片不仅掏走观众的腰包，还骗走了观众久违的泪水。

至于冯导的某位同行大骂其浮躁，只娱乐不艺术，其实也不过是逞一时口舌之快。如此看来，票房与艺术之争实属无聊。去年一部《让子弹飞》彻底证明了票房和艺术并没有什么仇，也证明了姜文还是那个姜文。套用毛泽东爷爷的一句语录：票房与艺术，二者既矛盾又统一。

电影潜规则

想成名上北影。许多年轻人，削尖脑袋一门心思地往影视圈里转，动不动就在北影门口排上几天几夜的队，哪怕只被招募为群众演员，那也仿佛是祖上几辈子积的德。等哪天净身出来时，就可以无尚光荣地说："想当年，哥们／姐们我也是在影视圈里混过的，和某某某大腕照过相、喝过酒。"

男的就凭这一点，就能比常人多把几个妹；女的不说钓男，至少吸金要比常人容易些。

电影行当是不折不扣的名利场，在这一行混除了要知道"浮"规则，还要知道潜规则，若不懂，迟早是要卷铺盖走人的。通常我们一听说潜规则，第一反应就是"谁潜了谁"或"谁被谁潜"，但事实并非尽然如此。

前不久，梨花体诗人赵丽华转发了一篇"邓航 1973"在 2 月 28 日发布的微博，她在转发时评论称："有很多女演员走捷径主动往权贵们身上靠。前天听一真事儿：剧组一"90 后"女孩半夜敲导演门，说我爱你。导演没开门。她去敲隔壁制片的门，说我爱你。制片要她家电话，给她爸打过去，说你家什么孩子这是，你怎么教育的？猜不着那家长说啥，他说：'您就别客气了，就按规矩办吧！'"

潜规则已经愈演愈烈，不只局限于圈子里的人要明了，就连局外的人也要谙熟。也不知当晚为什么那个导演和制片人那么坚决地拒绝了该女孩，要不然又一件“谁潜谁”或“谁被谁潜”的事实就要促成。

总有部分女演员，喜欢把一些男导演或男权贵想像成狼，当然是色狼，而自己当仁不让是狈。于是两人一拍即合，狼狈为奸。女的可以借机上位，男的可以一夜风流，娱记们又有八卦新闻可报，平民百姓又多了茶余饭后的谈资。于是天下大定，何乐而不为。

影视圈中的潜规则事件真是屡见不鲜，甚至让人审美疲劳，但可以肯定的一点是：双方基本上各怀鬼胎，一个半推一个半就，一个愿打一个愿挨，最终各取所求。正所谓半斤八两，谁也好不到哪儿去。在这种潜规则关系中，通常一方弱势，一方强势。强势的一方若不主动暗示或强迫，而弱势的一方却频频勾引，那么实则是强势的一方被弱势的一方潜规则。反之，则是强势的一方潜规则弱势的一方。这样的思考基本上符合牛顿的力学定律。

电影就是一个名利场，而名利场就像是一张网，在网的角角落落里总会有些脏东西。在网里爬的人一定要系紧自己的腰带，腰带就是安全带，轻易解自己腰带的人总有一天会从网上摔下来，声败名裂。

“地下电影”

如果你作为一个文艺青年，却没有看过“地下电影”，那是不合格的文艺青年，是假装的文艺青年。可是如果你作为一个文艺青年言必“地下电影”，那么你有可能已经走火入魔。什么是中国的“地下电影”，你对它又了解多少？

中国的“地下电影”没那么复杂，不像西方国家那样既要区别于主流电影，又要具有实验色彩；仅凭一条就能称其为“地下电影”：凡是不能“光明正大”地上院线的电影都可统称为“地下电影”。说来话长，中国有个电影局，对全国各电影机构所拍摄的电影有着生杀予夺的大权，能不能上院线全由他们说了算。而他们谨守一条严格的审查标准，主要依据国务院2001年12月25日颁发的《电影管理条例》，一共有11条。其中，只有一条是针对影片的技术和质量问题的，其他10条全是针对影片的思想和内容的。

这么看来，“地下电影”自然很容易被定义为有害国民精神的香花毒草，警示大家都要敬而远之，不要受其蛊惑。而拍摄地下电影的导演也纷纷用艺术来标榜自己的作品。年轻人爱赶时髦，思想又比较激进，容易被艺术吸引。所以，“地下电影”的大部分观众是青年人。这些青年人，以看“地下电影”为自豪，甚至以看“地下电影”来彰显自己的品位。

有人发帖声称：“我以一个人是否看地下电影来判断他的品位。”结果楼主被楼下跟帖的板砖拍惨了，一个“游客”直接回了一条：“我以此来认识一个人是否装B。”

想当年，在北大西门外的everyday酒吧放映《十七岁的单车》，有同学当场就问王小帅：“既然拍摄电影的资金很紧张，为什么不先去拍商业片，等赚钱之后再拍艺术电影。”王小帅的回答是：“我害怕去拍商业片之后，你们就不再来看我的电影了。”难道“地下电影”就真的高“商业电影”一等？难道“商业化”真的会毁了“艺术”？

“地下电影”在国内是没有什么市场，但在国外却还很吃香。像张艺谋、贾樟柯、娄烨、王小帅、田壮壮、陆川、吕乐、何建武、章明等中国内陆的导演都是戛纳电影节、威尼斯电影节、柏林电影节的常客，隔三差五就拿个什么奖回来。

“地下电影”真是东方不亮西方亮，“墙内开花，墙外香”。这样，就难免有一些专拍“艺术电影”的导演在拍摄过程中，过多地考虑西方人或者准确地说外国评委的嗜好，而故意设计或杜撰了许多带有“中国风格”的风俗与视觉景象。如《红高粱》，尽管有的导演一再强调自己的电影是拍给中国人看的，但“作伪”痕迹还是过于明显。

一部艺作品没有了真诚，其他一切均是无根之花。可以肯定地说，并非所有的“地下电影”都是好电影，看一部烂的“地下电影”相当于自虐。爱文艺的年轻人不要一味地躲在黑屋里看所谓的艺术片，而要勇敢地迈向影院。

北京“地下电影”观赏地

1. 北大东门外的“雕刻时光”；
2. 北大西门外的“everyday 酒吧”；
3. 清华东门外的“盒子咖啡馆”；
4. “燕尾蝶咖啡馆”；
5. 原电影学院附近的“黄亭子酒吧”等；
6. 尤伦斯当代艺术中心艺术影院；
7. 单向街。

10

The art of faking it (Chinese Version)

话题十　摇滚

The art of faking it (Chinese Version)

2011 年，一个农民工组合旭日阳刚，携着汪峰词曲的摇滚乐《春天里》，登上了春节联欢晚会的舞台，仿佛唱出了千千万万农民工的辛酸和不易，也唱出了许多摇滚歌手内心的愤怒。真不知道，这是中国摇滚乐史上的幸事，还是“杯具”。

屈指一算，中国的摇滚乐历史三十年都不到，如果你想成为这方面的专家，或假装成一个摇滚迷那简直是再容易不过的事情。1986 年，崔健以《一无所有》和《不是我不明白》宣告了中国可以有自己的摇滚乐，至于走不走社会主义特色路线，那还得另说。崔健也因此享受到“中国摇滚之父”这一殊荣。

之后一批又一批的摇滚乐队应运而生，而摇滚青年和摇滚乐迷也如雨后春笋般从各个角落里冒了出来。他们标榜个性，追求自由……仿佛与俗世格格不入，愤怒并急切地要打破一切陈规陋习；也仿佛将拯救社会、拯救世界、拯救人类的重担扛在自己肩上。

中国摇滚乐的昨天、今天和明天

中国的摇滚乐是舶来品，先天不足，后天也不给力，虽吃着洋奶，却不能茁壮成长，相反，越来越式微。2010 年 8 月，北京工体举办了一场“怒放！摇滚英雄演唱会”，宣传海报上说，会集了老中青三代摇滚人，但大家心照不宣，这只不过是一场“汇报”式的演出，主题是“怀旧”、“总结”，因为现今压根就没有新一代的摇滚人。

老将们，像崔健、窦唯、张楚、“唐朝”、许巍、汪峰、左小祖咒等，个个像大佬一样粉墨登场，可新生代的摇滚人却躲在角落里抽着中南海，喝着燕京，一语不发。当然还有一些更新的新生代，他们此刻正在城市的天下通道、天桥、不知名的酒吧，唱着无人问津的歌曲。

中国摇滚大有后继无人的尴尬，用崔健的那首《一无所有》来描述中国现在的摇滚，恐怕再适合不过了，中国的摇滚仿佛日薄西山。

一些老牌摇滚迷谈及摇滚时，一般以谈西方摇滚乐队为主，像什么披头士、涅槃、酷玩、Linkin Park……不得不谈及本土乐队时，就搬出 Beyond、黑豹、唐朝等装装门面，事实上，他可能完全没听过他们的歌，只是耳闻而已。毕竟，中国摇滚玩起来多少带点土里土气，不论在乐器的装备上，还是作曲写歌方面，西方摇滚让中国这帮家伙望尘莫及。那些鼓吹中国摇滚的人，不过是在意淫罢了。

崔健时代以及“魔岩三杰”时代的摇滚乐，听上几首也就可以装门面了，因为他们无论内容上、风格上还是技术上都太过于趋同，都是些歇斯底里的怒吼。到了21世纪，中国摇滚的关键词变成：“多样化”。金属、民谣、说唱、实验、噪音、朋克、电子所有分类基本与国际接轨，还貌似几乎每一种流派里都有领军人物，而且还以自主创作为主，极少翻唱他人的。如此，人们仿佛一下子感觉到中国摇滚后继有人了。

插一句话，有一点大家千万要记住，千万不要把周杰伦、林俊杰等一小撮歌手的Rab风格的歌曲当成是摇滚乐，那会被人笑话的。当然，我们也可以怀疑，中国摇滚的进步，仅仅可能是在技术和硬件上与国际摇滚接轨，而真正的摇滚还在明天。不管如何，乐队数量如雨后春笋般的增长，还是带动了歌迷群体的增长。摇滚乐似乎顿时有了市场，所以国内每年都要举办好几十场音乐节，其中最有影响力的要数迷笛音乐节、草莓音乐节。

每到这节那节的时候，歌手和歌迷就像小时候过年一样兴奋，那些并不爱摇滚乐的人也弹额相庆，毕竟国人一直没改掉爱凑热闹的毛病。那些新生代的摇滚乐队在节日上，穿扮怪异、表情冷酷，如牛鬼蛇神般从黑夜走出白天。他们仿佛来自火星，从来不曾被人铭记，自然也就无从忘记。他们在台上唱得呕哑嘲哳，不知所云；台下的人却自己把自己弄到了高潮。有时真教人看不懂！这些乐手们小隐隐于野，大隐隐于市，台上唱完，没准台下就去经营自己的烤串生意。

要是国父孙文先生还在世的话，一定会对我们谆谆教导：“革命尚未成功，同志仍须努力。”至于往哪个方向努力，也许只有老天知道。

近二十年摇滚大事记

1990 年，崔健为亚运会集资义演。同年，被称为“中国首届摇滚音乐节”的“90 现代音乐会”在北京首都体育馆举行。“唐朝”、“呼吸”、“眼镜蛇”、“ADO”等六支摇滚乐队参加了演出，反响空前。

1992 年，《中国火 Ⅰ》由台湾滚石有声出版社有限公司出版发行，入选曲目有张楚的《姐姐》、黑豹的《别去糟塌》等，都是一流的音乐作品。

1993年，“音乐公社”在广州举行“追忆似水流年”音乐会。这是南方摇滚音乐第一次大规模向外界展示。同年在北京首都体育馆举行了“奥运——中国之梦”大型摇滚音乐会，到场助阵的歌迷逾以万计。

1994年，被摇滚界尊称为“魔岩三杰”的窦唯、张楚、何勇同时推出了《黑梦》、《孤独的人是可耻的》、《垃圾场》三张专辑，再加上同年崔健的《红旗下的蛋》，郑钧的《赤裸裸》，中国摇滚音乐市场盛况空前。12月，窦唯、张楚、何勇、“唐朝”在香港红磡体育场举行演唱会，意义不言而喻。

1996年，郝舫的《灿烂涅槃》出版。科特·科本在中国成了不朽的传奇，他被无数的摇滚青年奉为偶像，他的头像被印在无数的T恤衫上。中国摇滚歌迷第一次和世界摇滚歌迷同步。

1997年5月，许巍推出首张个人大碟《在别处》，自此，爱许巍，或者恨许巍，成为了红极一时的现象。

2000年，创建于1992年的迷笛音乐学校，于此年开始举办一年一度的迷笛音乐节。

2001年7月，野孩子创立了河酒吧。同年，美好药店主唱小河卖了电吉他，开始专心于箱琴与民谣。

2002年，丽江雪山音乐节拉开帷幕，这是中国内地第一个按照国际惯例及操作方式举行的音乐节。连续两天长达二十多个小时的连续演出及雪山万人狂欢活动，让摇滚青年们感受到了一种音乐本色的回归。

2004 年 8 月，贺兰山音乐节拉开帷幕。这次同样以中国摇滚 20 年为主题的户外摇滚音乐节，在“中国摇滚演出终于也可以赚钱了”的热评中落幕。

2005 年，原 NO 乐队主唱左小祖咒发行了他的第三张个人专辑《我不能悲伤地坐在你身旁》，限量 2000 张，售价 150 元 / 张，同样引发了歌迷的争议。同年，只剩下黄家强、黄贯中、叶世荣的 Beyond 乐队宣布正式解散。

2009 年，《中国摇滚榜》问世，全国百余家主流广播电台同步发布，为其造势，但尽管如此，还是收效甚微，摇滚热潮已大不如前。

2010 年 8 月 27 日，“怒放”摇滚英雄演唱会在北京工人体育场举行。演唱会阵容豪华，堪称华语摇滚乐坛 20 年来史无前例的大集结，但也佐证了中国摇滚势力的衰微。

十五首摇滚迷不得不听的摇滚乐

1．崔健《一无所有》；

2．崔健《新长征路上的摇滚》；

3．唐朝乐队《梦回唐朝》；

4．唐朝乐队《国际歌》；

5．黑豹乐队《无地自容》；

6．张楚《姐姐》；

7．张楚《爱情》；

8．何勇《姑娘，漂亮》；

9．何勇《钟鼓楼》；

10．许巍《我的秋天》；

11．许巍《故乡》；

12．超载乐队《祖先的阴影》；

13．崔健《红旗下的蛋》；

14．左小祖咒《我不能悲伤地坐在你身旁》；

15．汪峰《春天里》。

近年比较有范的摇滚乐队

二手玫瑰（已解散）；

顶楼马戏团；

逃跑计划；

扭曲的机器；

万能青年旅店；

后海大鲨鱼；

自由；

宠物同谋。

摇滚青年

摇滚青年是没有年龄之分的，但一定有真伪之分别。一个摇滚青年不一定很年轻，但一定要具备摇滚精神。何为摇滚精神，《主流的价值观》一书上是这样描述的："摇滚的精神就是酷，做人做事都要酷，特立独行，对世俗漠然置之，就连潮流也要不屑，带着一股超越现实的叛逆精神。"

在中国像北京这样的大都市，大街小巷都充斥着这样一类"摇滚青年"：张口披头士、闭口涅槃，动不动就说只听比约克，回到家关起门，躲在被窝里就狂听林俊杰、蔡依林、潘玮柏；头发必须过肩还要染几绺颜色，耳朵必须打洞，身上裸露的部分必须文身，喜欢穿画有切·格瓦拉头像的T恤衫、有几个破洞的牛仔裤上还得拴根"狗"链子；闲聊时动不动就骂"万恶"的社会、"操蛋"的政府、"伪善"的人类；可身上连买一包中南海的钱都没有，父母决意不再给他钱；朋友也因他有借无还而远远地躲着他。

就是这样的青年自诩为“摇滚青年”，而丝毫不要人的尊严。这哪儿是“摇滚青年”，连愤青都算不上，不过就是一堆“滥人”罢了。有关伪“摇滚青年”的段子不胜枚举，现在来看看下面的典故，一定会让你忍俊不禁：

一个披头散发的青年在一个音乐节上遇到了一个鼻孔穿环的青年，两个人对视了一眼，就聊了起来。A君对B君说：“哥们儿，瞧你这打扮是搞摇滚的吧？”B君答道：“是啊，哥们儿，你好像也是吧。启蒙乐队是哪个啊？”

A君随口说道：“你听说过一个外国的乐队吗，叫皇后。你呢？”

B君答道：“没听说。我们的启蒙乐队也是一外国的，叫Queen。对了，你那乐队什么风格？”

A君答道：“你们连‘皇后’乐队的风格都不知道啊？那还搞什么摇滚……”

B君愤慨道：“你丫，不也不知道Queen吗？这么生猛的乐队都没听说过，还敢出来混……”

说着两人就争执了起来，这时来了另外一个摇滚青年，一把推开他们，竖起中指，郑重其事地对他们说：“吵什么吵，皇后是重金属，Queen是民谣，你们连他们都没听说过，中国的摇滚迟早要在你们手里完蛋。”说完扬长而去，A君和B君却还愣在那儿，大眼瞪小眼。

这类伪“摇滚青年”，过着多少有点颓废的生活，与摇滚沾了点儿边，但从来没有树立起属于自己的摇滚观和摇滚精神。嘴上整天嚷嚷着“我开始摇滚啦”，但搞了半天，也不见他踅摸出一件很“摇滚”的事。

在中国不乏这样的摇滚青年，他们花了十多年，费尽心力收藏了一大堆国内外的摇滚乐，有打口碟、黑胶、卡带，还收藏了一些国内外知名的摇滚杂志，花在上面的钱大概可以买一辆宝马X6。

摇滚毕竟不是一种信仰，它拯救不了什么，唯一能拯救的可能只有自己。摇滚更多的是一种态度，而态度就像天上的云朵，容易说变就变。想当初，磨岩三杰、唐朝乐队、黑豹乐队、超载乐队、二手玫瑰是多么叱咤风云，可是到了最后还是难免曲终人散。

至于他们是不是还坚定地扛着摇滚的旗帜生活下去，谁知道呢？他们就算是叛逃了摇滚，那又有什么大不了的呢？从来摇滚可以“神马”都是，也可以“神马”都不是。

11

The art of faking it (Chinese Version)

话题十一　话剧与小剧场

在20世纪90年代，一说到前卫戏剧，一些人就会认为那是小圈子里的一种自娱自乐，导演、演员，甚至观众，都不是正常的人。在当时的中国媒体上，也不会出现“前卫”这样的字眼儿，只能说“探索性的戏剧”、“探索性的艺术”。

可是很快，荒诞派戏剧、实验戏剧就席卷中国，受到《等待戈多》、《秃头歌女》等戏剧的影响，中国的先锋戏剧方兴未艾，出现了《魔方》等优秀剧作。到了现在，戏剧已经小有成就，有非常商业的、有非常烂的、有非常严肃的、有非常保守的、有直接和观众进行对抗的，各种各样的戏剧都有了。

如今走进小剧场看先锋戏剧已经成为了一种风尚，这其实并不符合很多戏剧导演的初衷。戏剧和影视有很大的不同，话剧导演渴望影响的不是大众，而是那些特别少的一群人，以期让他们来关注话剧、了解话剧，互相交流。但是话剧没怎么变化，大众却在变化，随着这种变化，话剧的观众越来越多，超出了很多话剧导演的意料。当然，小剧场经营的困难、话剧不断的尝试、票房的压力，这些或许都推动了话剧的发展。

在大量涌入剧场的观众中，未尝没有只为看新鲜、凑热闹的猎奇者。著名话剧导演孟京辉就说：“我拍戏的时候把观众当成好朋友，我是为我的朋友、为理解我的人来拍戏。当我得到那些我所尊重的人的尊重之后，我就觉得特别自豪。”

很多时候，话剧就是为小剧场而拍的，100 人左右，这样的观众数量就非常好。观众人数多了，作为导演也好，演员也好，和观众的交流就减弱了。没有和观众的直接交流，可能会从根本上改变话剧的未来走向。

很多人都还记得，实验剧和先锋剧都会将观众视为演出的一个有机组成部分。所以，它们在乎的不是观众的多少，而是观众参与度的强弱。

近年来的话剧舞台出现了很多形态的作品，有的主打明星牌，有的走恶搞路线。话剧应该多元化，舞台剧的繁荣是一件好事。但是优秀的话剧必须是有个性的，具有时代精神特质。一个优秀的艺术家，对自己的作品和观众都会有拒绝的一面，而不是全然接受。

一个真正的艺术家的内心，永远有一块无法开垦的地方，这要用他的一生继续开拓，所以这种东西往往是一个艺术家最真实的体现。当话剧变得太小资、太雅痞、太精致了，反而受到更多的限制。孟京辉认为，话剧没有本身，话剧只有在不断发展，不断流动的一种新的空间中不断增长。

此前曝光的一份北京人艺“一线演员工资表”，引起了轩然大波。宋丹丹月工资只是 2752.32 元，徐帆是 2920.67 元，何冰则是 2558.99 元，这些数字虽然和她们的实际收入相比少得可怜，但依然让青年话剧演员羡慕不已。现在的话剧新人每月基本工资一般都在 1000 多元，扣掉税金，到手大概也就 800 多元。

话剧演员拿这么点儿钱，维持生计都很困难，更不用说能安心进行艺术创作了。据说，现在很多话剧演员只能靠出卖时间，不停地演出才能养家糊口；或者就是“话而优则影”，投身影视界，可以多拿点报酬。像濮存昕、沙溢、袁泉这些话剧影视两栖的明星来说，当然挣钱不在话下。

由此也引发了话剧和影视孰优孰劣的讨论。讨论我觉得没有必要，不管演电影还是排话剧，都要对得起观众，能有上佳发挥，那就最好。因为，艺术固然重要，生活也是不容忽视的。据说孟京辉打车，司机就跟他说过，演话剧的人，也就是唾沫星子喷得比别人远而已，没有什么其他的能耐。更有甚者，观众扬言要给孟京辉的领导反映、打小报告。由此可见，话剧的生存维艰。套用《恋爱的犀牛》中的经典台词，那就是，话剧是多么美好，但是不堪一击。或者《柔软》中的经典台词：每个人都很孤独。在我们的一生中，遇到爱，遇到性，都不稀罕，稀罕的是遇到了解。这几乎可以作为话剧、话剧导演和话剧演员的真实写照。

而孟京辉、赖声川们所坚持的话剧理想，也会受到这个时代口味的挑战。一个物质过剩的时代，一个情感过剩的时代，一个知识过剩的时代，一个信息过剩的时代，一个聪明理智的时代，也是一个浮夸忽悠的时代。一句话，这是一个“操蛋”的时代，所以，就会有貌似繁荣的话剧市场出现。

话剧也在跨界，也在嫁接，但是那么的不伦不类，从职场小说套磁来的改编权，正在吞噬话剧市场。也许短暂的疯狂和意气风发之后，是话剧不可避免的衰败。难道还要指望孟京辉他们再坚持二十年，再换回话剧的回光返照不成?

我们来看看，不怎么景气的话剧充斥着多少四不象的作品：兄弟、杜拉拉、浮沉、山楂树之恋、武林外传、潜伏、风声、非诚勿扰……几乎出版界卖得稍好，电视剧收视率稍高，话剧界就会将之引上话剧舞台。效果如何，明眼人都会知道，票房的蜜糖，其实本质上是话剧的毒药。

如果有更多的《阴道独白》、《暗恋桃花源》、《恋爱的犀牛》这类佳作，那么话剧就可以重新夺回它的文化地位，以全新的文化姿态，站在当代文化前沿，引导文化新潮流。这正是国外话剧界一直引以为荣的。

很多话剧太应景，像快餐文化，完全是垃圾，台词要贫嘴，风格太搞笑，貌似贴近生活，却离话剧本体太远。这样做的后果很可能使观众错误地以为，话剧原来可以是这么肤浅的，原来话剧也是“无厘头以人为本”的。可能看过一两场这样的滥话剧之后，观众会对所有的话剧失望。

现在比较时兴的话题

关于《阴道独白》。

无论你是男性还是女性观众，无论你是否信守女权主义，你都可以谈谈《阴道独白》。剧如其名，非常震撼，非常鲜明，非常主题。

当伊芙·恩斯勒的不朽之作《阴道独白》初试啼声，在纽约上演后，立刻造成轰动，佳评如潮，而它的成功，在于恩斯勒勇于直接切入千百年来隐讳于世的话题，即女性的身体与隐私。《纽约时报》用“有趣”和“尖锐”来称赞它；而《纽约日报》则用“智慧”和“勇气”来肯定它。恩斯勒把这出戏用充满神秘、幽默、痛苦、震憾、聪明、伤害以及刺激等的经验，集合在一起，由女性用第一人称独白的方式娓娓道来。

《阴道独白》已经成为了被演出次数和翻译次数最多的美国当代戏剧。从克罗地亚到加利福尼亚；从伦敦到台北；从耶路撒冷到俄克拉荷马城都上演过，这些地区的观众也都为这出剧力万钧的戏而疯狂。《阴道独白》在全球各城市演出时，不同肤色、族群的女人，以相异的语言演出女性的身体和生命经验。

由王翀翻译、导演的版本，是该剧在中国大陆取得授权的首度演出，已经在北京、上海、深圳和长沙演出二十余场。所到之处，媒体无不传颂，观众无不倾慕。绝对是现象级的作品和演出。

关于小剧场

在以下剧场，你可以接受到正在酝酿中的话剧的起义和阴谋，我指的是好的话剧和不好的话剧它们构成了两个极端。

麻雀瓦舍；

方家胡同 46 号院；

东联艺术公社；

城市蜂巢剧场；

首都剧场；

木马剧场；

9 个剧场；

海淀区文化馆小剧场；

先锋小剧场；

北京人艺实验剧场；

戏逍堂戏剧工坊；

北京青年宫影剧院；

中戏北剧场；

中戏逸夫剧场；

北京盈之宝剧场；

蜂巢剧场。

当然，中国各大城市都有类似的小剧场，也有数以万计的“死忠”。人数虽然不多，但考虑到潜在的话剧迷，声势还是有的。

12

The art of faking it (Chinese Version)

话题十二　砖客

The art of faking it (Chinese Version)

一个成功的人往往都扮演过“砖客”的角色：孔明在赤壁之战前，身赴江东，面对张昭等人，舌战群儒。凭三寸不烂之舌，将张昭等人全部拍倒，说服吴主孙权与刘备联合抗曹，为赤壁一战奠定了三国鼎立的基础。砖者，辩论也。像我们伟大的文学大师鲁迅，现在桀骜不驯的李敖，他们都是砖客的集大成者。

如今社会交际繁忙，与人之间难免会出现一些观点不同的言辞争辩。继续被对方牵着鼻子走，抑或做在场的一位可有可无的听众？如果你一辈子只想做个弱者，到哪里都甘心做个小小的配角，那你就选择沉默吧！鲁迅说过，不在沉默中爆发，就在沉默中死亡！兄弟们，赶紧爆发吧！其实根本不需要满腹经纶，你也可以做一个去哪里都是焦点的砖客。只要你掌握下面的一些拍砖技巧，即使成不了大砖客，也会是个一流的砖客，同样可以瞬间霸气外露，气场十足！

拍砖前的准备

古人云：“知己知彼，百战不殆。”拍砖肯定要有目标，当你确定了某个人，要在脑子里过一遍有关他的所有记忆和资料，还有他的性格。找到他的软肋，争取一拍就疼，再拍就晕。拍砖者不能只顾一时痛快，自我陶醉、自得其乐，还要随时准备领受对方的回击，并准备与对方做认真的而不是敷衍的辩论。不然你就是别人眼中的“大炮”，以致给人“他没什么玩意，就知道瞎起哄！”的不好印象，人人对你避而远之。

要注意的是，作为初学者尽量不要挑选“德高望重”、资历深的人，对这类人拍砖，从技术上讲要冒很大的风险。而且拍不好会成为众矢之的，使你的目的本末倒置。

当然，不是所有的时候你都有确定的目标，很多时候你不知道会跟谁辩论，怎么办？这就需要你平时多做功课，一个很好的办法就是去网站论坛多参加一些辩论。网络是虚拟的，一个ID或者一个马甲就是你的身份，不存在现实中的后顾之忧。

拍砖对事不对人

任何时候，都不要正面攻击对方的人身。不管你跟谁拍砖，对方很可能都是你的朋友，或者朋友的朋友，你拍砖的目的是为了提高自己的才华和“霸气”，更多时候是探讨切磋。若是漫无目的，那就是无理取闹。千万不能干出莫名其妙就拍，令人耻笑的事情；更不能攻击你的朋友，弄得“众叛亲离”。

抓住一件有争议的事情或者话题，去表达你的“深度认识”。你的靶子是事而不是人，最多也就是通过事隔山打牛似的打击他以抬高自己。拍砖高手既要让自己的砖美观大方，又要不失威力。砖如何美观？不能带脏字是首要条件，引经据典，用事实说话也是很好的办法。而威力在于它的“狠、准、快”，也能通过将对方自身弱点巧妙结合，加以诱导，这时拍起砖来可谓铿锵有力，方能收到唇枪舌弹的效果。

拍砖技巧之态度镇定

拍砖最忌浮躁。一语不合，面红筋跳，暴躁如雷，此灌夫骂座、泼妇骂街之术，不足以拍人。善拍者必须态度镇静，行若无事。普通一般拍人，谁的声音高便算谁占理，谁来势猛便算谁拍赢，惟真善拍人者，乃能避其锐而击其懈。等他拍得疲倦的时候，你只消轻轻地回敬他一句，让他再狂吼一阵。在他暴躁不堪的时候，你不妨对他冷笑几声，包管你不费力气，把他气得死去活来，拍得他针针见血。

拍砖技巧之出言典雅

拍砖要拍得微妙含蓄，你拍他一句要使他不甚觉得是拍，等到想过一遍才慢慢觉悟这句话不是好话，让他笑着的面孔由白而红，由红而紫，由紫而灰，这才是拍砖的上乘。

欲达到此种目的，用词深刻故不可少，而典雅之言词尤为重要。言词典雅则可使听者不致刺耳。如要拍人拍得典雅，则首先要在拍时万万别提起女人身上的某一部分，万万不要涉及生理学范围。拍人一拍到生理学范围以内，底下再有什么话都不好说了。

譬如你拍某甲，千万别提起他的令堂令妹。因为那样一来，便无是非可言，并且你自己也不免有令堂令妹，他若回敬起来，岂非势均力敌，半斤八两？再者拍人的时候，最好不要使用种种难堪的名词，称呼一定要客气，即使他是极卑鄙的小人，你也不妨称他先生，越客气，越拍得有力量。

拍的时候最好引用他自己的词句，这不但可以使他难堪，还可以减轻他对你回拍的力量。俗话少用，因为俗话一览无遗，不若典雅古文曲折含蓄。

拍砖技巧之攻其要害

在与人争辩的过程中常常会出现这样的情况：双方纠缠在一些细枝末节的问题、例子或表达上争论不休，结果，看上去辩得很热闹，实际上已离题万里。

这是拍砖的大忌。一个重要的技巧就是迅速地判明对方观点的要害问题，从而抓住这一问题，一攻到底，以便尽快击败对方。拍砖时“避实就虚”是很好的办法，比如当对方提出一个无法回答的问题时，假如强不知以为知，勉强去回答，不但会失分，甚至可能闹笑话。在这种情况下，就要机智地避开对方的问题，另外找对方的弱点攻过去。

然而，在更多的情况下，我们需要的是“避虚就实”，“避轻就重”，即善于在基本的、关键的问题上打硬仗。如果对方一提问题，马上回避，势必会给听众留下不好的印象，以为你不敢正视对方的问题。善于敏锐地抓住对方要害，猛攻下去，务求必胜，乃是拍砖的重要技巧。

拍砖时常常会出现胶着状态：当对方死死守住自己的观点，不管你如何进攻，对方只用几句话来应付时，如果仍采用正面进攻的方法，必然收效甚微。在这种情况下，要尽快调整进攻手段，采取迂回的方法，从看来并不重要的问题入手，诱使对方离开阵地，从而打击对方。

拍砖技巧之缓兵之计

在日常生活中，我们可以见到如下情况：当消防队接到求救电话时，常会用慢条斯理的口气来回答，这种和缓的语气，是为了稳定说话者的情绪，以便对方能正确地说明情况。又如，两口子争吵，一方气急败坏，一方不焦不躁，结果后者反而占了上风。这些情况都表明，在某些特定的场合，“慢”也是处理问题、解决矛盾的好办法。拍砖论辩时也是如此，在某些特定的论辩局势下，快攻速战是不利的，缓进慢动反而能制胜。

俗话说：“欲速则不达。”在时机不成熟时仓促行事，往往达不到目的。论辩也是如此，“慢”在一定条件下也是必须的。“以慢制胜”法实际上是论辩中的缓兵之计，缓兵之计是延缓对方进兵的谋略。当论辩局势不宜速战速决，或时机尚不成熟时，应避免针尖对麦芒式的直接交锋，而应拖延时间等待战机的到来。一旦时机成熟，就可后发制人，战胜论敌。

拍砖技巧之以退为进

两人对拍，而自己亦有理屈之处，倘若处于开拍伊始，最好毅然将自己理屈之处完全承认下来，即使道歉认错均不妨事。先把自己理屈之处轻轻遮掩过去，然后你再重整旗鼓，咄咄逼人，方可无后顾之忧。

即使自己没有理屈的地方，也绝不可自行夸张，务必要谦逊，把自己的位置降到一个不可再降的位置，然后拍起人来，自有一种公正光明的态度。否则你拍他一两句，他便以你个人的事反唇相讥，一场对拍，会变成两人私下口角，是非曲直无从判断。所以拍人者自己要低声下气，此所谓以退为进。

拍砖技巧之预设埋伏、小题大做

你把这句话拍过去，便要想想看，他将用什么话拍回来。有眼光的拍砖者，会处处留神，或是先将对方要拍他的话先说出来，或是预先安设埋伏，令对方拍回来的话失去效力。对方拍你的话，你替他说出来，这便等于缴了他的械一般。预设埋伏，便是在要攻击你的地方，你先轻轻地安下话根，然后他拍过来就等于枪弹打在沙包上，不能中伤。

如对方有该拍之处，而题目甚小，不值一拍，或你所知不多，不足一拍，那时你便可用小题大做的方法，来扩大题目。先用诚恳而怀疑的态度引申对方的意思，由不紧要之点引到大题目上去，处处用严谨的逻辑逼他说出不逻辑的话来，或是逼他说出合于逻辑但不合乎情理的话来，然后你再大举拍他，拍到体无完肤为止，而原来惹动你的小题目，轻轻一提便了。

拍砖七项基本原则

1. 拍砖时不能对人说脏话，即使你是无意的也会被别人误以为是人身攻击。即使别人不在意，在场的人也会认为你是个粗俗的人，不好玩，没意思。

2. 不要动怒，冲动是魔鬼。要记住，即使对方情绪亢奋，你也要控制好情绪，表现得很大度。

3. 语言要幽默、表情要随和。幽默会给你带来现场的人气，随和也能为你的亲和力添彩。

4. 尽量引经据典，用事实说话。

5. 要有针对性，一事一拍，不要扯得太远，显得毫无逻辑。

6. 当别人加入对方阵营的时候，你得注意言辞，巧妙地转移话题，千万不要打击面太大，以致众叛亲离，孤军奋战。

7. 拍得对方可以接受，不要打落水狗。

四不拍

1. 你的上司、老板或者资质比你高、有求于他的人。

2. 小人和女人。小人常戚戚，拍女人你无风度，还会招来护花使者一群。

3. 脾气不好的人，弄不好会成为武打片儿。

4. 水平太差的人不能拍，别人会以为你欺负弱者，一味地争强好胜。

拍砖的理想对象

1. 水平与你相当的，俗话说“宁可与明白人打一架，不与二百五说句话”，与二百五辩论，只有被咬的份儿。

2. 你的好朋友，熟悉你脾气的人。不管你们如何争辩，都不会伤了彼此的感情。

3. 你欣赏的人或者水平比你高一点儿的人，可以借以提高自己，即使拍不过，也不算丢脸的事情。

4. 幽默随和的人，两人砖来砖去，可以互相追捧，搞活气氛，达到双赢的目的。

13

The art of faking it (Chinese Version)

话题十三　西藏，西藏

探险家的乐园／旅游者的圣地

300 年前，耶稣会神父叶普里图从克什米尔出发，穿过藏西，于 1716 年来到拉萨并住了下来。他是第一个全面地报道拉萨地区的人，是西方研究藏学的开拓者。18 世纪，西方人开始考虑与西藏进行通商和贸易。最早行动的是荷兰的东印度公司，他们派了一个叫萨米埃尔·德·普特的荷兰人于 1728 年从孟加拉赴拉萨。

随后不久，英国人曼宁成功地抵达了拉萨。曼宁在 1811 年开始了西藏的探险，随同前往的是一个叫赵金秀的广东人，二人化妆为印度的香客，以“朝圣”为名进入边境。英国政府还陆续派出英籍印人南辛格等，于 1865 年化装为商人经日喀则、江孜到达拉萨。

这些外人进入西藏，通常都面临着很大的风险，一旦被发现都难逃厄运。南辛格在拉萨逗留了两个多月，不久便回到印度。南辛格被认为是最早只身在冬天徒步横穿喜玛拉雅山的最伟大探险家之一。之后英国发动了企图占领西藏的战争，遭到了西藏军民的顽强抵抗。电影《红河谷》就再现了那一段历史。

E. B. 怀特对纽约有过这样的经典描述："许多人定居这里，可能只是为了逃避而不是面对现实。"纽约的伟大之外在于有许多外乡人把这里当作终极的目的地，而对于西藏来说，更多的外乡人只是将这里当作旅程中的一站，其停留时间的长短决定于感受的深浅，或自在融入，或浅尝即离。

这一点，也许和中国人安土重迁的习性有关。中国的地域性优势心理非常明显，就拿上海来说，外地人到上海来游玩被视为乡下人；上海人到外地旅游，则时刻不忘自己大上海的背景。不要嘲笑上海人，各地方人或许都有这样的短视排外心理。

网络上曾流行一幅这样的"中国式地图"，北京人认为除了北京之外，其他都是乡下；上海人认为除了上海之外，其他地方都是农村；广州人认为，除了广州之外，其他地方都是穷乡僻壤。

在这样的背景下，西藏成为旅游热点，它的经济可以忽略不计，最主要的是它的文化，吸引了众多的背包客。西藏的一切成了足可玩味的，难以消化的，备受尊崇的。似乎一个旅游者没有去过西藏，那就不足以树立旅行达人的身份。

和很多风景区的旅游热一样，艺术家打头阵，文艺青年推波助澜，然后才是普通的热爱旅游的游客。类似的地方有安徽的查济，当初是一些行为艺术家在那里搞活动，结果推动了当地的旅游热。电影导演也是不可忽视的，《卧虎藏龙》里的竹海、《非诚勿扰》里的北海道、《阿凡达》里的张家界，都在电影热播之后，迎来了如潮的游客。

西藏也是如此，不过和上述的浮光掠影不一样，艺术家在西藏浸淫得更深，文艺青年对西藏的依恋更巨，而游客对西藏的向往更持久。这和西藏的自然风景和人文积淀都大有关系。可以说，西藏是全世界独一无二的地方。而西藏作为旅游胜地，撇开长远的历史不说，先锋小说家马原以及一些画家们功不可没。马原的《虚构之刀》，让很多文学青年对西藏的生活向往不已。而很多画家的绘画作品，则展现了西藏美丽的自然风光，吸引了游客对西藏游的憧憬。至于像郑钧、韩红等歌手对西藏的讴歌，也在一定程度上加温了旅游热。在 2008 年，一部《藏地密码》横空出世，不仅成为当年度的图书销售榜冠军，也用奇崛的情节，再次让众多驴友激动不已。

所以，很多人会把简单的一次旅行，上升为精神洗礼的高度。在拉萨，随时都能够看到各种样式的游客。对于旅游者来说，西藏是一个适合灵魂栖息的中转站，在这里没有人干扰你，也没有人对你好奇，这是一种令人着迷的文化习惯。拉萨是比较宽容的，所有到过西藏的游客可能都有这样的体会：这简直是全世界最开放的地方。

在去过和没有去过的人心中，在匆匆游客和土生藏民心中，在淹留日久者和决意定居者看来，西藏，拥有的是一种非凡的魔力，将这里的天空、山水和大地，将这里的生活和文化，都笼罩上了神圣的色彩，就好像接受了大师的开光，获得了解脱。

是的，每一个人都应该去西藏，那里承载着你的梦想和激情，渡你以平静。海子说，“西藏，一块孤独的石头坐满整个天空 / 没有任何夜晚能使我沉睡 / 没有任何黎明能使我醒来。”

解读西藏元素

西藏的本质

博尔赫斯说过：“阿拉伯人不牵着骆驼也是阿拉伯人。”西藏也有其自身的外在特色和内在本质。西藏有很多外在的表象符号，非常吸引人。每当看到一幅由蓝天白云、雪山寺庙构成的“画面”，看画人就觉得“这是西藏”。

小说家扎西达娃认为，在20世纪80年代，以西藏为背景的文学作品所创造的一系列“诗化语言”，比如“净土”、“灵魂”、“心灵”、“神奇”、“哭泣”、“圣洁”、“升华”、“信仰”等等，为西藏做了一次文化的定义，但并不能涉及西藏的本质。而小说家马原也认为，“西藏的本质”是很难用抽象来抵达的，这也是“西藏热”始终未能深入的根本所在。“具象更适合西藏，”马原说，“这是我与西藏28年缘分的经验之谈。”也许，只有切实走进西藏原汁原味的生活，我们才能充分享受到这里的阳光、甜茶、啤酒和闲散。

如果说西藏是世界屋脊，那拉萨无疑是天空之城，是一座白云之上的静止的城市。当转经人潮水般涌入，时间的指针仿佛像达利的名画那样，因过度稠密和挤压而被弯曲延缓，这种“慢”的感觉，恰恰是最受游客崇尚的。拉萨的“慢生活”，完全可以用大气压、含氧量、紫外线强度、血球数量、心肺承受值等医学术语和数字来加以佐证。在深受佛教思想影响的西藏地区，没有什么是比精神愉悦更为重要的事情。由此带来的时间观、价值观、幸福观，影响并形成了当地人生活的节奏。拉萨的文化和生活，由于慢，都充满了仪式感。游客可以和每个人聊天，也可以晒着太阳看书。在西藏，在拉萨，似乎唯一不缺的就是时间。这对厌倦了大城市交通堵塞的人来说，完全是一种奢侈的享受。

西藏的生活

西藏是佛教圣地，佛教的影响无处不在，无时不在。树上、路旁、江畔、山脊、屋顶，到处都飘动着红、黄、蓝、绿、白五色相间的经幡，上面印满六字真言或各种经文、咒语，随风飘动，仿佛诸神在游移召唤。目之所及，就是神山圣湖，耳畔听到的都是美丽动人的传说故事。在西藏，最美丽宏伟的建筑一定是寺庙，最珍贵的文物、艺术品一定藏在寺庙。

寺庙香火之盛，让很多游客感受到了敬畏。除了伟大的布达拉宫，西藏还有无数座寺庙，如桑耶寺、大小昭寺等。佛教的繁荣催生了很多神话故事，像格萨尔王、莲花生大师、黑白度母等，在藏区都耳熟能详。

在西藏，最让游客心灵为之震撼的，莫过于随处可见的“磕长头”转山转湖了。每年都有转山转湖的人倒在路上，再没有起来。逝者的家人先是痛哭，之后就欢歌舞蹈——他们认为，天赐福分的逝者得以在此交付灵魂。藏传佛教徒和印度教徒是顺时针转山，而苯教徒则按逆时针绕行。

作为最绚烂的艺术品，唐卡的制作人堪称为色彩“炼金师”。由于唐卡是用作供奉的宗教卷轴画，制作工艺非常严格。唐卡艺人画画用的都是传统的矿植物颜料，不是取材于珍贵的矿物就是稀罕的植物。至于颜料的配制完全靠手工操作，过程缓慢而复杂，有时要七八道工序才能完成。

藏族人能歌善舞，很多游客都能享受到藏族同胞的歌舞款待。“郭孜”舞在藏区很盛行。当地流传着这么一首民歌，说的是松赞干布迎娶文成公主，欢迎的人们唱道“……请别怕甲曲容的水，有百条牛皮船在迎接。”由此看来，西藏的牛皮船早在唐朝时期，就已经成为重要的水上交通工具。正是这些摇动着牛皮船的船夫们，创造出了牛皮船之舞——“郭孜”舞。“卓舞”，也被称为西藏的“腰鼓舞”，至少有1300多年的历史，每逢重大节日，后藏一带的农牧民都有跳卓舞的习俗。

西藏的物产

很多游客总是担心吃不惯西藏的食品，因此他们带上很多方便面等食物，但到了西藏之后，才发现自己是多此一举。西藏的食物虽然简单，但正因为简单，才是很多人此前从来没有享受过的美味。西藏的美食有：糌粑和酥油茶，风干肉和新鲜酸奶，萝卜炖羊肉（要在海拔5500米的地方吃），烤蘑菇（用牛粪火、石头），牛血粥，“跎跎鱼”或生鱼酱（拉萨谚语里说：“春天的鱼皇帝也不容易吃到，秋天的鱼狗都不吃！”），藏式香料（不比印度香料逊色），酸奶（加入辣椒和各种调料拌成的称为“雪苏”；加入米饭、白糖、人参果、红枣、酥油拌成的称为“雄则”),“卡布赛”(藏历新年特制的油炸面点),青稞酒。

除了这些美食,西藏还有两样举世无双的稀世灵药。一为雪莲,一为冬虫夏草。冬虫夏草在藏语里叫“雅匝贡布”,“雅匝”是藏语“夏天的草”的意思,“贡布”是“冬天的虫”的意思。这种似虫非虫、似草非草的奇异物种,具有两种不可思议的神奇力量:养生延年的力量和一夜暴富的力量。

小结

对于西藏来说,我们也许永远只是它的过客。我们是漫游者,所以永远只是“经过式”的,我们只想留下点儿美好的回忆。又因为贪婪,所以我们一遍一遍地踏上西藏,不愿意离开它,但真正能和它融为一体的不是我们,而是生老病死在那里的人。

他们没有觉得西藏游多么牛,所以他们拥有西藏。我们觉得西藏那么超凡脱俗,这样的评价只是缘于我们最终没有选择生活在那里,没有被这块古老的高原改变。

在当代艺术圈中,继续热衷于西藏已经不合时宜。也许再过一段时间,西藏的旅游热也将平静下来。到了那时,西藏才被喜欢它的人真切面对。

14

The art of faking it (Chinese Version)

话题十四　建筑、设计

The art of faking it (Chinese Version)

中国建筑的历史与现状

对于任何一个国家来说，建筑都是一种宏大叙事。对于古代的建筑，我们将之看成风景，那是历史文物，估计没有什么人能生活在里面；对于现代的建筑，我们惊叹为艺术，但我们会努力让这些凝固的音乐为我们所有。这就是私营性建筑。

中国现代建筑始于1927年的老沈阳车站，那是杨延宝先生回国以后建造的。这座建筑处处沿袭了美国的风格，并影响了后来的中国的大批建筑。

就好像当时世界上赖特和柯布西耶并驾齐驱一样，在华人世界中，梁思成和贝聿铭也是一时之翘楚。

赖特是20世纪最具天才及个性的大师，其早期建筑受过日本建筑的影响，信奉中国老子的一句话："当其无，有室之用。"这使得赖特一举赢得中国建筑师的青睐。其中的自尊者获得间接的印证，而自卑者获得信心。和赖特齐名的是柯布西耶。或许柯布西耶在雕刻或绘画史上的地位尚不及米开朗基罗，但作为建筑师他取得了骄人的成绩。

梁思成出身于大家，在现代建筑运动正如火如荼地展开时，曾分别就读于宾夕法尼亚大学及哈佛研究生院。隔了十年，同样出身大家的贝聿铭同样在这两所学校读过书。不同的是梁思成学成后回了国，创办了东北大学及清华大学的建筑系，成为中国建筑学的奠基人。而贝聿铭则加入了美国籍，投身于现代建筑运动，并成为西方著名的现代大师。

在现代主义遭受后现代猛烈抨击的年代，贝聿铭一直以现代建筑最后的中坚卫士自居。就在这个时候，贝聿铭接手了香山饭店的设计。贝聿铭对外声称："记住我，但不是把我当成一位后现代主义者，而是给现代主义带来了新的生命力，并把它在原先位置上提高了一级。"对中国建筑界他是这样说的：香山饭店"将是一种能被全国各地的建筑师以多种途径加以再现的方式"，"那是形成一种崭新的中国本土建筑风格的唯一手段，这就是中国建筑复兴的开端"。

十几年过去了，中国的建筑师们或是没有能力如贝聿铭所号召的"以多种途径"复兴中国建筑，一些头脑敏锐的人反而不失时机地转向早已正名的梁思成先生。

直到20世纪90年代后，中国当代实验建筑才开始沸腾，一批独立建筑师迅速成长：张永和、马清运、刘家琨、马岩松、王澍、王晖、张轲、张雷、孟岩、朱锫等。

张永和在 1993 年成立的“非常建筑”建筑设计事务所，是中国最早的私人建筑设计事务所之一，因此业界也把此一事件视为中国实验性建筑诞生的标志。

到目前为止，私营性建筑设计行为在中国仍然是新生事物。库哈斯在其作品《大跃进》中，曾经描述过他对中国建筑师的敬意：“他们是世界上最重要、最有影响力、最强大的建筑师”、“中国建筑师在最短的时间以最少的设计费在做最大的工程。中国建筑师比美国建筑师多 1/10，每个人在 1/5 的时间内做 5 倍的项目，获得 1/10 的设计费。这意味着是美国建筑师效率的 2500 倍。”

一种叫做空间的艺术

建筑是凝固的音乐，是立体的诗章，更是一种哲学的展示。

建筑体现了矛盾的存在，它是无能与全能的混合体。

建筑是远离人的，不管它多么惊艳，却总是像在发出请求：请远离我，请远离我的思想，请远离我的生活。

如果一座建筑不能适应它所处的环境、气候，那就不是一座合格的建筑，优秀的建筑总是扎根在当地的文化土壤中。在这一点上，日本的建筑家毫无疑问走在了中国建筑家的前面，值得中国建筑家去学习效仿。

每一个未来的建筑师都会被自己的导师痛斥：You know nothing about architecture.

鸟巢、水立方、中央电视台新楼，中国建筑突然扬名世界，可惜这里面没有一座出自中国的建筑家之手，不能不说是遗憾。再看看中国大街上那些可怕的建筑，毫无灵性可言，连鸟笼都比它们人性化。中国的建筑家，你们什么时候才能毕业啊。

现在摆在建筑家面前的难题是，建筑材料就这几样，他们用自然的东西来装点自然，反而都显得不那么自然了。有识之士呼吁：不如我们就用非自然的东西来伪装自然，说不定还能有点儿自然的意思。

建筑学面临的一个机会是：最有才华的年轻人都不去写作，而是来搞设计，其中的最优秀者往往选择建筑设计这一课程，他们怀揣着理想，想写出立体的诗章。但建筑学面临的最大尴尬同样是：最有才华的年轻人选择了建筑设计，却往往在毕业之后选择了别的工作。这验证了一句话：艺术永远是最出乎意料的。

“建筑师都是共产主义者”——关于建筑师的话题

大多数的建筑师都有一个毛病，就是太专业化了，对于他们来说，建筑就是全世界，他们觉得建筑师很伟大，伟大到可以去控制和改变人的生活。把自己当成救世主，这是西方的现代主义最大的一个毛病。其实恰恰证明建筑师都是疯子。他们造的所有建筑，都是艺术品，易碎，排斥人类。

在中国，想要成为一个建筑师，首先就得成为一个文人，因为这样才能造出有中国文化特色的建筑。这听上去就像催眠曲一样可笑。也许正因为如此，有些建筑师才刻意不去修建房子的。造房子有那么难吗？是文化让造房子变得很难很难。

建筑家的思想大都比较古怪，他们认为建筑的建成不只是从设计到施工结束的全过程，还包括使用者后来的各种千奇百怪的使用，岁月的侵蚀和洗礼……

学建筑的人，首先要学会装，其次要学会忽悠。建筑师一般会出现在女性时尚杂志上，说明他们是时尚前沿的人物，他们不仅顶着建筑美学的光环，还会批量生产这个时代的噱头。

当然，一个好的建筑师也应该是一个美食家。几乎所有的建筑师都喜欢美食。建筑师对生活的热爱和感悟，才使得他的建筑作品那么令人感动，使人沉思。它们都是生活的折射，虽然出自一人之手，却折射出了千百万人心里的景象。

建筑师通常爱穿黑色的服装，看上去很奇怪，像乌鸦图考一样。问他们原因，有的说是“为了使自己显得苗条清瘦一点儿”；有的说是“黑色到哪里都合适，不需要考虑衣服的颜色搭配”；英国的建筑师富尼埃说是“为了在自己的作品面前保持中性，就像神父穿着黑色的衣服以强调自己的信仰”；而日本的青木纯说是“建筑师都是共产主义者”，或者干脆直言不讳说“自己是色盲，根本分不出颜色”。

VIGAR 认为柯布就像微软开发了个操作系统，后来者即使再怎么强悍，也要在他的操作系统里面遵循他的游戏规则。

妹岛说，她一生中只对两件事感兴趣，除了抽烟就是做建筑。她的建筑有一种单纯的力量，能够让整个身心都恢复平静。

当然，说到建筑师和其作品的合二为一，我们还可以举巴拉干的生命感和安藤的表现力。

21 世纪，世界时尚巨头纷纷与著名建筑师联手，打造全新的生活元素：PRADA 与 HERZOG & DE MEURON, HERMES 与 RENZO PIANO，LV 与隈研吾，TOD’S 与伊东丰雄，CHANEL 与 ZAHA HADID……这些都为报纸提供了头版头条的新闻。

每一个心系建筑的人，都有一个梦想，那就是将安藤的空间、库哈斯的理论和扎哈早期的作品形态组装起来。天啊，那该是地球建筑的本来目的吧！

跨界

建筑师的风光几乎可以视而不见。他们的作品一般来说，不像是荣耀榜，更像是耻辱柱。因为对于个体来说，只有“我的”才值得赞美，因为那样可以满足虚荣心。但是建筑师的作品只有在不属于任何人的时候，才有存在的意义。这是困扰每一个建筑师的悖论。

建筑师如此，摆在建筑系学生眼前的道路的黑暗，也就可想而知了。他们毕业了能做什么？这是每个建筑系学生都为之头大的问题。还好，我们发明了“跨界”的说法，建筑系学生也就找到了出路。

毕竟，这样规模的艺术不是人人都能玩得起的，经费是一个问题，能力是一个问题。对于建筑系学生来说，法乎其上而取乎其中，还好他们能找到其他不错的营生。

有一个行业最容易成为建筑学生转行的大本营，那就是时装界！

范思哲和汤姆·福特，他们的大名如雷贯耳，而他们之前都是学建筑的。

最大名鼎鼎的叛逃建筑系的人是约翰·加利亚诺，他在成为 CD 的艺术总监之后，经常大搞自称为“有建筑感的时装”聊以自慰。

奥尔罕·帕慕克是诺贝尔文学奖得主，他在大学原来是读建筑的，后来一度想改行画画，最后才下决心写书。

《盗梦空间》的导演诺兰，与其说他是在向建筑致敬，不如说他是在向埃舍尔（埃舍尔提出了看不见的建筑这一观念，启发了诺兰）致敬。凑巧的是，埃舍尔最开始也是学建筑的。

另外从建筑系落荒而逃的明星还有，电影导演斯皮尔伯格和巨星布拉德·皮特，平面设计大师原研哉（从立体艺术到平面艺术，这样的过渡应该正中下怀吧）。

国内的则有张楚、后海大鲨鱼乐队的曹老师、歌坛天王陈奕迅。

很多学生逃逸出建筑系的引力圈，而很多建筑物则跨界到了影视作品中，让人为之恍惚。

例如在《午夜巴塞罗那》里面有很多高迪的建筑，《生化危机》中女主角垂直跑下来的是加拿大多伦多市政厅，《金刚》里的是帝国大厦全景，《三峡好人》中有移民纪念塔，《永久居留》里出现有贝聿铭的美秀艺术馆。

建筑旅行

建筑旅行，也就是建筑师做重要的修行，其代表人物当然是安藤忠雄。安藤忠雄曾说：在建筑世界里的旅行，使我成为了一位建筑师。寻找建筑之美，也就是在寻找自我。两者的契合，迸发出了极强的创造力，让安藤一举成名。

在建筑方面，我们早已经告别了青砖灰瓦的时代，钢筋混凝土的高楼也不再仅仅体现出单调的灰色。色彩丰富的建筑丰富了我们的眼睛和生活，也让我们对建筑的理解得以升华。经过百十年的积淀，我们中国也有了一幅建筑地图。

在北京，有中央电视台新楼、水立方、鸟巢和长城公社；在上海，有东方明珠和金茂大厦；在南京，有朗诗城市广场；在武汉，有天兴洲长江大桥；在杭州，有西溪湿地……

这些建筑都凝聚了建筑师的心血，也能让我们与建筑师展开深层次的对话。

15

The art of faking it (Chinese Version)

话题十五 足球

中国足球胜法国那次（还是热身赛），很多人欢欣鼓舞，但这绝对是一次意外，谁过年不吃一顿饺子。但中国足球很有可能因为这次大餐而噎死，因为这种快乐由于稀缺，反而是致命的。更多的是，中国足球小比分输给一个名不见经传的弹丸小国，或者大比分输给强国，什么比分都在正常范围，让球迷蛋疼，进而倒戈。

对于中国足球，你可以说："中国踢的是皮球，而不是足球。"因为踢皮球的方式是这样的：将球踢给自己（控球）或者对方（失误），当然中国的失误比较多一些而已。

对于那些被中国足球无情悲催的球迷来说，有三种解脱的方法：

第一种，除了中国足球之外，其他的足球都看。对于在你面前大谈特谈北京国安的人来说，你可以这样说，"我现在只看美式足球。怎么足球不是两头尖的椭圆吗？"

这样或许会触怒某些真正的球迷，当然他们也是不可救药的。这个时候，你要抖一下你也曾经是骨灰级球迷，因为你的爸爸是铁杆球迷，而你曾经历过甲 A 时代，从浪子高峰到绝对大羽，甚至之前的中国足球名宿，你也能够说出年维泗、徐根宝这样的教父级人物。

而且你要说到中国足球唯一出线的那次，你参加了狂欢。但是夜晚的吹风让你冷静下来，你感谢韩国、日本，因为它们举办了世界杯；你也感谢神奇米卢，虽然他看上去很像一个花花公子。只是因为足球的脏搞和不堪入目的战绩，你才没有子承父志。

第二种，你把对中国足球的关注，融入到自己的足球生涯中，“是的，我发誓再也不看中国足球，宁可自己和一帮朋友去朝阳公园包场子踢球。”“对我而言，我更喜欢看欧洲杯，因为我能够确定，那是中国足球不要打预选赛也没有出线压力的赛事。中国队不管多么努力，也不可能脱亚入欧。能够在高级别的赛事中不看到中国队的拙劣表演，绝对是对足球的最高礼赞。”

第三种，坚定最纯粹的足球，最高级的享受。所以你喜欢迭戈·马拉多纳，而且将这种爱融入到对自己对下一代的殷切期望中。是的，没有什么比给自己的儿子取个小名叫“迭戈”来得更贴切了。当然，你的儿子不会是马拉多纳，更不会成为中国的马拉多纳。山寨的马拉多纳估计颠球技术还行，真到场上就很难表现出纯爷们儿来了。用这样的方式，来缅怀自己对足球的爱，同时告诫自己的孩子，动什么也别动足球。

是的，中国足球绝对是黑洞。虽然国米也曾作为巨星黑洞而臭名远扬，但是它的荣誉同样不可胜数。中国足球连一次像样的冠军都没有获得，却毁了足协（足协几个官员被双规）、毁了裁判（当金哨都是黑手的时候，这绝对是最大的讽刺）、毁了球员（真想不明白那些家长辛辛苦苦将孩子送去足球学校，还要行贿，却让自己的孩子成为受人鄙视的对象，为的是什么）、毁了洋教练（冯巩说，施大爷，你在他乡还好吗？感谢你给中国带来了纯正的德国啤酒。小伙子们喝了德国啤酒后，变得更会踢球了）、毁了足球评论员（中国足球整体境况如此，他们做节目真是勉为其难）、毁了足球宝贝（妞们，你们知不知道中国球员除了身体，啥都没有，既没有萧伯纳的智慧，也没有施瓦辛格的肌肉，更没有奥巴马的才华）、毁了中国球迷（他们一旦喜欢上中国足球，就成为了精神艾滋病患者）、毁了赞助商（花钱找抽，这难道也是变相的一种宣传）。

中国足球不得不说的一点成就

不过在这种黑暗中，总算有一点亮色。那就是中国足球终于还是拒绝了几名在世界足坛大放光明的一流球星。否则他们在中国联赛踢球，只会越踢越差。是的，这绝对是中国对世界足坛的一大贡献。另外一大贡献是，中国输出了庞大的球迷。相比较而言，中国球员输出上却比较尴尬，除了中国杨之外，其余基本可以不计。至于郝董一欧元的租借费，那倒是很恰当的转会费。

你可以随便举例："当我们得知他以前曾在中国俱乐部试训，而终于没有得到留用的时候，感谢上帝的仁慈。"

1996 年，上海申花拒绝了法国球星维埃拉，教练组的判断是："此人技术粗糙，不全面。虽然有高度，但动作反应慢。"对比巴塞罗那看到梅西，直接送走小罗的例子，我们只能感慨，"为什么别人的眼光就这么准呢。"

除了维埃拉，你还可以举以下虎口脱险的知名球员：

俄罗斯的帕诺夫（落选原因：体能测试未过关，大家还记得"悠悠"体测吧）；

乌克兰的舍甫琴科（落选原因：该名球员缺乏特点，速度一般，场上爆发力不够）；

阿根廷的贝隆（落选原因：不值 100 万美元）；

乌拉圭的雷科巴（落选原因：没有前途）。

这些球员幸而在加入中国足球之前就被贴上"水货"的标签，从而在其他联赛中崭露头角。如果世界杯和亚洲杯能够用中国教练的（口头标准）来比赛，那中国绝对是冠军热门人选，因为中国国家队队员毫无疑问是有身价、有能力、有前途的。

其实，在中国联赛中水货外援倒是比比皆是。其中最搞笑的是，江苏舜天曾经引进过巴西外援马麦罗，据说这个家伙在巴西绝对是个农民。难道足球的国度巴西真的这么厉害，连一个农夫都能踢上甲 B 主力前锋的位置，真的是"农夫山泉有点甜"了。这里面有没有猫腻，也许大家都心知肚明。

中国足球的痛

这些是永恒的话题，我们对中国足球没有爱，只有恨。

不管你看不看中国足球，有两件事你一定要知道：第一，是中国唯一的一次出线，也许也是未来百年唯一的一次；第二，打平即可出线的魔咒。以后谁也别跟哥说，打平即可出线。因为，中国足球习惯于让分，习惯于站在悬崖上暗自得意。

至于其他的，那真是小儿科，不管谁说到这些，你都报之以，"离开这些，中国足球还有其他的谈资吗？"那就是：打假球、裁判受贿、球员超龄、球霸、泡吧、贪污，这些都是中国足球的特色。

当有人说，“中国足球的问题是，外行领导内行。”你要很立场鲜明地告诉对方，“不对，中国足球的问题是，外行领导外行。”是的，所以中国足球，基本无解。

当有人说，“中国足球已经沦为亚洲三流。”你要不动声色地反对他，“中国足球已经沦为末流，也就是不入流。”要支持这个观点再简单不过。都说弱队一般而言都会遭遇强队的狂轰滥炸，所以最锻炼守门员。但中国守门员至今也没有在高级别联赛获得成功，足以证明中国足球不入流。

当然，作为“没有硝烟的战争”，足球是假装最大的舞台，你完全可以这样装。

如果你是女的，你可以喜欢梅西、C罗中的任何一位，当然你也会知道贝克汉姆。对于中国足球来说，你可以什么都不知道，不用装你知道哪怕一丁点儿东西。

当然，在看一场直播的时候，你要知道两队的区别，同时知道越位的术语就可以了。看现场的时候，一定要酝酿出亢奋的情绪，只要知道一个队员的名字，然后大喊：“某某某，你是爷们，你是纯爷们。”安静地看球，到睡着，那是不应该的。即使中国足球以进球少著称，但也绝对不是一部超级沉闷的法国文艺片。

如果你是男的，首先你要告诉别人，“我看球少，而踢球多。”这是最强的宣言，不踢球的基本是伪球迷，踢球的人才是真性情，虽然你已经脱离了球迷的组织。另外，你一定要说自己喜欢这些特立独行的人物：穆里尼奥、切赫、花蝴蝶等。

好了，现在我们可以正式来假装了。

技术和装备一定要成反比！如果你像李毅一样自诩为“亨利大帝”，那就不用考虑这条了，你不穿足球鞋也能踢出“足球小子”那种香蕉球。一般来说，如果只是站桩踢球，穿帆布面双星和最普通的T恤短裤就可以。因为你是来吹风和晒太阳的，当然借口是踢足球。要是和他人打对抗赛，一定要有正式的装备，一双钉鞋是必不可少的，其他护腿板护腕什么的也尽量配齐，因为这是保护自己，也是保护对方。

在足球场上，假装是永无止境的，我们首先可以在球鞋上下下工夫。一定要来双刺客、Adizero、V1.10之类的靓鞋，或者是FG、HG。这要看球场草皮的情况决定。当然，你也可以穿着鸳鸯鞋上场。争取让本方和对方都能做到看鞋认人。在球场上的口号永远是：不求最好，但求最装。如果没有正版球衣的话，泰版也是可以考虑的，反正比穿中国国家队的球服强。

如果你的实战基础不好却又想装高手，就需要做到，在没有开始比赛时，一定要有模有样地玩球，颠几下，最好再来几招 Crossover，ATW，Steppin 之类的街头足球动作，或者小罗经典的甩牛尾。身边的队友马上会对你刮目相看。

在比赛中，一定要学会找自己的位置。如果是打进攻型球员的话，尽量不要参与防守；反之，如果是防守型球员的话，尽量不要参与进攻。要记住，你的目的不是踢球，踢球只是一种手段，你的终极目标是——娱乐。

娱乐中国足球

Q：哇！我好像有点儿喜欢上中国足球了。

A：恭喜你即将享受到百年停留在小组出线的钻石级待遇。

Q：一般都是什么样的人会喜欢中国呢？

A：受虐狂。

Q：听说中国球踢得可华丽了！

A：那是被华丽好不好？

Q：中国现在的足球风格大概是怎样的呢？

A：保平争胜，结果永远是小输即赢。

Q：为什么管中国叫男模队？

A：平均身高一米八八，踢球不见跑只见走。

Q：更衣室和谐吗？

A：没有不和谐的声音，但不代表真的和谐。

Q：听说某某有个绝色女朋友是富家女？

A：嗯，很多球员踢球的目的就是这个。

Q：如何破解中国的防守？

A：看着中国队员倒脚，一般五次之后他们就会无受迫失误。

Q：如何防守中国的进攻？

A：让他们尽情射门。

Q：为什么中国球星那么多踢得却很狼狈呢？

A：因为他们智商为负，球技也不敢恭维。

Q：中国缺什么呢？

A：缺人数上的优势。

Q：高洪波是一个怎样的教练呢?

A：高深莫测。因为在比赛中他似乎不存在。

Q：为什么中国女球迷这么多?

A：女人同情弱者。

Q：中国球迷抱着什么心情看中国比赛的呢?

A：踢完这场就解散吧。

Q：中国打韩国有优势吗?

A：有优势就不会又恐韩了。

16

The art of faking it (Chinese Version)

话题十六　娱乐星座

如果你对星座一问三不知，那么你给人的感觉是不适合在地球居住，应该回到火星。作为现代人，如果不掌握点来自西方世界的星座知识，那你真是“奥特”了！现在星座知识运用之广，简直令人瞠目，比方说，你和某女子相亲，对方除了会问你的家庭和收入情况外，最后还不忘记问你是什么星座。如果星座不合，即便你的条件再好，都有泡汤的可能。

前不久，台湾嘉义某特产美食店的老板娘，在一则招聘广告上特别标明：狮子座勿试！她自己是天蝎座，之所以招人时排斥狮子座，是因为老板娘认为，狮子座员工老是把她辛苦营造的工作氛围破坏殆尽，弄得店里的气氛很紧张。这样一来，给顾客的整体印象就大打折扣，甚至有客人掉头就走。

为此，老板娘还特意咨询了星座专家，星座专家分析说，天蝎座和狮子座本来就有不对盘的倾向。所以才会出现广告上的那一幕。

别管你的命盘中，被称为“人格面具”的上升星座是什么了，这么复杂又难以掌握的知识，还是留待那些出门随身带着星盘的专家吧！你只要掌握一些简单而又常用的星座知识，就足以对付那些和你差不多却自以为很懂星座学的家伙了。

星座原先是西方人的玩意儿，传入中国后，虽然西方的星座理论仍是主导，星座的定性也基本是按照西方的学说；但是，同样要考虑中国的特色因素，进行适当的本土化。这样才能使星座学更合乎国人。下面我们就按四个星象来整理一下中国本土化的星座学知识。

风象星座——代表头脑

如果用一句装深沉的话来概括风象星座，那就是："我思故我在"。他们最擅长抽象，逻辑推理、理性分析、沟通表达能力均是一流，因此我怀疑像张仪、苏秦一类的外交家都是来自风象星座。双子座总是在多方地搜集信息，天秤座老是要不断平衡事物的观点，水瓶座更是满脑子充满稀奇古怪的点子。由于他们可以始终保持客观地看待事物，保持理性思考，而不过多掺杂个人情感，因此经常被他人批评为冷漠无情。用中国的一句古话"君子之交淡如水"，来形容他们的交际原则恐怕再恰当不过。

忽东忽西、忽南忽北的风象，总被他人认为缺乏真实情感又不切实际，只会表面功夫、光说不练或是想得太多。风象既不能理解水象希望被倾听的需要，也无法忍受土象带来的一堆限制，只有火象最能启发风象的自信与行动力。

水瓶座（1 月 20 日~2 月 18 日）：水瓶过于古灵精怪、特立独行，在中国这样的国度，有时会被认为不太识时务，不善于总结经验。

双子座（5 月 21 日 ~ 6 月 20 日）：在中国传统哲学的压抑下，双子的灵性发挥受限制，才华多限于文才，通常在文科方面有非常出色的表现。双子容易人格分裂，总是处在真假、善恶、美丑的极端，很纠结。

天秤座（9 月 23 日 ~ 10 月 22 日）：在中国，天秤是最符合“中庸之道”的，因为他们向来就讲求平衡与和谐。这个星座的人，常常在艺术方面有很深的造诣，喜欢端庄优雅的事物。

火象星座——代表能量

火象星座的人朝你走来时，迎面扑来的总是光芒四射的热风。他们总是给人自信、意志力强、热情四射、直来直往、乐观向上的感觉。白羊座是永远都停不下来的火车头；狮子座总是霸气十足，让人不敢正视；射手座的精力旺盛到像患多动症的孩子。对于火象星座而言最重要的就是自我认同：武侠小说中要天下第一的人，一定是白羊座；狮子座一定喜欢前呼后拥，受人尊重；射手座最爱折腾，直到找到人生意义为止。

以自我为中心的火象，常常会因为太专注于表达自我而忽略了别人的存在，因此也常常被人诟病为：过于自我，给人压迫感，对其他人不够敏感。火象相当讨厌水象星座黏黏糊糊、多愁善感的情绪化；也不太喜欢沉重得令人窒息的土象星座；然而与喜欢煽风点火的风象可谓一拍即合，行动力超强的火象星座加上风象这个狗头军师简直就可以征服全世界。

白羊座（3月21日~4月19日）：在中国这样的“礼仪之邦”，白羊座的人会变得内敛一些，不那么好斗好强，白羊仍然会使人感到那种利刃出鞘一样的光芒。有一点值得一提，白羊座人群容易发生婚外恋。

狮子座（7月23日~8月22日）：狮子男是王的男人，狮子女是女大王。江湖大佬多出自狮子座，只是在中国狮子的精神变成一种“长兄精神”。千万不要摸狮子的胡须，不给他面子，这会让他“龙”颜大怒。

射手座（11 月 22 日~12 月 21 日）：射手花心，并不是指在男女关系方面，而是指事业方面，他有可能东一榔头西一锤子，因为射手自由奔放的本质其实是追求娱乐，他们总是太贪玩。而他们在中国，只要跟随传统哲学就会显得更为稳重勤勉。

水象星座——代表情绪

不论是喜怒哀乐的泪水还是欲望横流的口水，水象星座的人总是取之不竭，用之不尽。一言以“概”之，天生就是水做的。他们异常纤细敏感，总是被情绪与欲望驱动。巨蟹座一定要体贴才能当个好妈妈；天蝎座最懂得利用人性的弱点或是欲望来达到目的（没准卡耐基就是天蝎座的）；因为双鱼的慈悲与同理心，才造就了德兰修女。

水象的人较之其他星象的人，更会压抑自己的情绪，但一旦爆发出来也就有如“滔滔江水，连绵不绝”。这样的特质和这样丰富的感情，很适合做一个艺术家、音乐家或诗人，也适合从事与心理学有关的职业如心理医生、心理分析师等。

水象星座最容易陷入过于情绪化、歇斯底里、依赖他人的危险。他们最讨厌风象不请自来的分析与答案；也讨厌火象的粗鲁自我又不善解人意；可是本身没有固定形状的水象一旦遇到扎实稳固的土象，自然觉得超有安全感。

双鱼座（2月19日~3月20日）：在中国这样比较崇尚实务的环境里，双鱼是助手型人物的高手，虽然他们处理事物的能力很高，但是对于大局的决策和把握，往往显得不够果敢，因而有时容易陷入被动。

巨蟹座（6月21日~7月22日）：在中国，巨蟹座的人感情方面不那么野性十足，只是变得多愁善感，优柔寡断，或多或少带有幻想色彩。对现实世界总是有很多想不通的地方。

天蝎座（10月23日~11月21日）：天蝎的占有欲极强，无论对爱情还是友情根本不能忍受背叛。有时翻脸就像翻书。天蝎的优点是，极其聪明，善于经营，容易在商海有一番作为。

土象星座——代表身体

土象星座的人给人的感觉总是稳健实在，由于土象代表身体，是自我最具体的呈现，因此土象星座的人最能与身体的感官联结，也最知道实际的物质世界是如何运转的。绝大多数土象星座的人做事脚踏实地，有很高的执行能力，并且善假于物，懂得利用身边的工具或资源而有效率有毅力地完成任务。金牛座是积累财富的高手；处女座深谙养生之道；摩羯座则是出了名的工作狂。

土象星座的人常常因过于稳健而显得保守、缺乏弹性，甚至固执守旧，有时也会显得自卑和缺乏想像力，因此他们的人生少了很多可能性。土象星座的人比较内向，不会轻易表露自身的情感，遇到情绪丰沛的水象自然备受吸引；相当讨厌风象的只会说不会做；也讨厌火象的冲动与无法信任。

金牛座（4月21日~5月20日）：在西方，金牛是“哲学之王”，但在中国偏偏落得个善于思考而执行力弱的名声。用“深挖坑广积粮”来形容他们，真是恰到好处，一不小心他们就极有可能成为像“欧也妮·葛朗台”那样的守财奴。

处女座（8月23日~9月22日）：在中国，处女座的人其思想更传统，男的通常有大男子主义，而女的则是最难泡的对象。他们或多或少都有完美主义情结，经常为了一棵树木，而放弃整片森林。换通俗的说法是，爱自己给自己找罪受。

摩羯座（12月22日~1月19日）：摩羯座的人常常冷静得让人瞠目结舌，而有时固执得又像全身只有“一根筋”一样，让人无法理解。不过总体来说，他们是务实、可以依赖的。

如果这些知识还不够你用的，或者，你遭遇到一个自以为很懂星座的人，动不动就通过你的言行来判断你是什么星座时，你大可以这样回答对方："我是'人肉'座（做）的"；或者：我是'水泥'座（做）的"。

17

The art of faking it (Chinese Version)

话题十七　娱乐家和八卦家

这是个没有大明星的时代，似乎每个明星背后都有些摆不上台面的故事，这些故事或早或晚都会被传播开。以前明星的个人生活少有人了解，如今在网络这个人人都能参与的平台上，明星八卦随时会被人拿来“818”。

如今已是个全民娱乐的时代，要是有谁不知道点儿娱乐八卦的事儿，肯定会被认为是个很没情趣很乏味的家伙。但是要成为这方面的专家，由于“竞争激烈”，还真不是什么容易的事。但是我们可以装，只要稍微花点儿工夫，掌握其中的几个小窍门，在这个以娱乐为中心的时代，我想你定会成为朋友圈的焦点，顿时人气倍增，风光无限。

娱乐八卦的来源

“哦，你是说她啊，昨晚电视里还报道了，不就是……”“你才知道啊？我告诉你啊……”当你与别人八卦娱乐圈的事时，还没等你说完，就先被别人给灭了，听起来是多么落伍！所以，要想把话语权掌握在自己手里，让别人围着你转，你在装的时候，首先要有及时的消息来源。

一般来说，网络比电视媒体传播得快。而娱乐圈盛传八卦的港台网站当是首选，你可以去《苹果日报》、《台湾日报》、《联合报》以及内地天涯社区的《娱乐八卦》等浏览一遍，然后再去内地各大网站的娱乐频道逛一圈，基本上就了解了大概。但快不是唯一能击倒对方的法宝，当你跟别人八卦时，总不能草草说些标题和捕风捉影的消息就能糊弄过关的吧？等别人第二天也知道了这些娱乐八卦，说不定还看到了一些你没说到的，找到了你的漏洞和错误，下次还有谁会听你的八卦？

装专家就要装得像，装得彻底，在八卦的时候，你不仅要消息新鲜，最好还要全面深入。"那得花上我多少时间啊？在网站上仔细找？"你傻啊！不是叫你装嘛？ 你只需要买几份杂志，像《八周刊》、《壹周刊》、《TVBS周刊》、《时报周刊》以及电子杂志《ZCOM》这样的既有最新消息，又经过深度挖掘的杂志。或者去娱乐八卦论坛看看也是好办法，帮你分析的人多了去了。到时候你把这些资料过一遍，说几个重点就足以"镇住"他们。你想啊，谁会闲得蛋疼去追究这些个与自己无关的事儿。

八卦选材要有趣味

比如说，男女不是拍拖就是断背（断背已然成为一种时尚，这恐怕得归功于一些成功的断背电影，以及传媒的炒作，传媒的影响力由此可见）。男女差别也体现在了断背上，男性断背传得多了，女性倒是少见，这是个很好的切入点。

美女为何要勾引男人？天生贱？自恃姿色玩弄男人以此获得快感？获取利益？恐怕只有深入美女内心方能知晓。那为何会这样？很显然，因为男性中心主义，说男人勾引美女，多没面子，任你再怎么美，还不是照样得勾引男人，靠男人，所以八卦杂志笔下的美女都是没见过男人的，看见男人就勾引，套用《洛神》里甄宓里的话就是“为何是女人勾引男人而不是男人勾引女人”。历史遗留问题，恐怕只有等到下一个历史时期才能解决。因此，可想而知，当美女都沦为断背对男人是多么大的打击，而当男人沦为断背却是多大的快事，意味着又少了个强劲对手（男性断背通常是非一般之人），所以，女性断背看点是有的。

成功的八卦分为两种，一种是能够令人感到真实至少部分真实的，另一种就是即使让人感到不真实但能够令人发笑的（可以是嘲笑、会心地笑、无奈地笑、哭笑不得地笑，不管是什么笑，只要是笑了通常还是会给人带来快感的）。两者哪个容易做到？显然是后者，前者既要使人感到真实还要说得饶有趣味，已经包括了后者的成功因素。所以，艺人们被问到八卦绯闻时常回应说“得啖笑”，一方面这是回应绯闻时的万能方式，另一方面我也相信这是事实，至于是哪种笑就不得而知，不过也大致能够想象得到了。

编造小道消息

当别人在谈论一个人人皆知的明星时，谁都能说上一点儿，而且此人的“深度消息”已经被曝光，挖掘透了。这种明星有个特点，不是众人讨伐就是全民赞美，人们的口径高度统一。这时你得说有点儿颠覆性的消息才够劲爆，才能“技压群雄”，可消息从哪里来？那简直比登天还难。

你说的是，但是你可以编造啊！如果众人说某明星是如何如何的好，你可以说你的某个大学同学在某杂志做娱记，然后套用你那同学的口吻说一些此明星不痛不痒的坏消息。或者你同事的一个朋友其实在很早的时候跟此明星是邻居，最好在此明星没大红大紫之前，说一些他的生活上的琐事，来证明与众人完全不同的印象。

利用此法你得熟记这样的句式："我有个朋友，他说……""其实他没出名之前……"大凡用此方法时要注意一个窍门，就是借别人的口说话，这样即使说错了，责任也不在你。还有就是注意不要把话说得太狠，若说得与众人的反差太大，如此会降低可信度。而在生活中，往往这种小小的颠覆性消息会带来四两拨千斤的效果。

娱乐八卦之推敲法

对于狗仔队而言，没有找不到的，只有想不到的，尤其是香港的狗仔队。要对他们抱以尽可能的信任，所有凡是他们挖掘的星闻，都要先给予肯定，然后再搜索调查。

信任归信任，但星闻跟新闻还是不一样，总有炒作的嫌疑，老显得动机不纯。再说，人家搞对象的悄悄话，即使你就算有情报局级别的精良工具，也不见得有间谍般的能耐总是恰到好处地把设备安在该安的地方。吸引人的报道又总是要生动的、戏剧的、典型的，所以狗仔在有基本事实的基础上对情节添油加醋，对细节夸张变形，凭空捏造对白也是在所难免的。

你需要做的是，首先判断出报道立场的善意或者恶意，然后依据你的结论再推测细节的真实度。如果实在是毫无立场，纯属无聊，那你就凑合着打发时间吧。反正大方向是对的，在细节问题上，你自己发挥得比他“报道”的说不定更加符合逻辑更精彩。

“嗳，你知道吗，某某跟某某好上了耶。”没听说过？不要慌张，你只要告诉她，嗨，早两个月前他们就双双在某某海滩上被抓个正着了。没有错的。不管是从时间来说，还是从程序来说，一般来讲，明星（限于一线红星）偷偷交往能瞒过狗仔队鼻子的最长期限就是两个月，两个月后若还未被发现，该明星就该对自己的吸引力及知名度做深刻反省了。

18

The art of faking it (Chinese Version)

话题十八　道德家

中国即使是缺文学家、科学家、金融家等这家那家，也不会缺道德家，这一点你大可放心。在某些道德家的眼里，中华民族已经到了“礼崩乐坏”的危险时刻。还记得两会上，某人大女代表，公然抛出“贞操是女孩最好的嫁妆”这一说法吗？此言一出，顿时引起一片哗然。对于这等道德家，我们只想对她说：“你家有女儿吗？管好你家的女儿就行了。”不过由此就能明白，为什么那些整容医院“修补处女膜”的生意会这么火爆了。道德家看起来就像他们的托儿。

珍爱生命，远离道德家

我们身边的道德家大致有两类，一类是假装的，一类是多年被洗脑被灌输造成的。但我想说的是，无论他们属于哪一类，都应该自己高尚去、自己完美去，而不应该对他人的生活横加干涉或指责。道德家最喜欢做的是教育你怎样为人处事，最不喜欢的是你向他借钱……还有一个令他最尴尬的是你反问他：你自己做得怎样。

道德家总是不要你做你自己。他不会考虑你的真正需求，他要你大公无私；他要你斗私批修；他要你牺牲小我，完成大我。如果你不是足够聪明，听信了他的话，那么最后的结果就是，你的问题不但没有得到解决，而且你的忧愁和悲伤比他出现之前还要痛苦。

如果你有一个道德家朋友，请学会对他说："闭上你的鸟嘴，明天会更美好。"

2008年汶川地震所带来的创伤还没完结，一群道德家就开始清算在此次地震中谁高尚、谁卑贱？他们喋喋不休地提出一个假设：你愿意自己儿子的老师是范美忠，还是谭千秋？这个假设简直无聊至极，却让他们洋洋自得。对此，我们应该答以："我希望是你们道德家的儿子，你们会知道该怎么办的，不是吗？"

谭千秋是伟大，但"范跑跑"也不卑贱，他只是做了他自己而已。许多自以为是的道德家们，也许是智商水平不高的原因，在赞美谭千秋老师的同时，把能想到的所有最恶毒的词汇都用在了"范跑跑"的身上，诸如断了脊梁骨的懦夫、人民教师的败类…… "范跑跑"成了道德家们的众矢之的，成了他们喷粪（愤）的对象。道德家们一开始是要求范美忠像谭千秋老师一样，舍己救人，为了不能抹黑教师在人民心中的光辉形象就得去死。可后来道德家们发现，一旦对他人提出这种要求，就把自己逼进了死角，因为只要别人质问他："阁下，您愿意为灾区的孩子捐上两块钱吗？"他们就集体"便秘"。自己连钱都舍不得捐的人，凭什么要求别人捐出生命，难道教师的命生来就贱？又试问，这些道德家们在身临其境时会说："您先请，您先请"吗？

自始至终，"范跑跑"犯得最大的一个错误就是，把自己撒丫子逃生这一事情晒到了博客。你跑没错，你说出来就错了，道德家们一人一口唾沫就能把你淹死。你跑就跑呗，干吗要说出来，地震时跑得比兔子还快的老师又不止你一个。

这些道德家或多或少都患有幻想狂症，他们多么希望人民的教师除了传授知识以外，还应该具备天下所有美德，比方说：教师应该有将军一样的临危不惧的素质，应该有士兵一样的勇气，应该有柳下惠一样面对美色时坐怀不乱的心理素质，还应该有儒子牛一样的勤恳品质，等等。照这样的要求，全中国的教师恐怕都应该下岗再"改造"。

钱钟书先生曾说过一句非常幽默又非常深刻的话："上帝要惩罚人类，有时来一个荒年，有时来一次瘟疫或战争，有时产生一个道德家……"从人性的角度来说，道德家给人类带来的灾难，比荒年、瘟疫、战争更加旷日持久！

南宋的理学集大成者朱熹，就是一个很好的例子，他想用“君臣父子”那一套伦理理顺人际关系，用“三纲五常”约束人的天性以及对性爱的追求。就是像这样的道德家导致中国女人“顺理成章”地缠了三五百年的足，女子的“三寸金莲”成了一种病态美学；也导致了一些地方的人为立贞洁牌坊，让年轻女子守活寡，或者干脆逼死年轻寡妇。

总而言之，如果珍爱生命，就应该远离身边的道德家。

如何识别货真价实的道德家

道德家身上有特殊的气味，嗅一嗅就能嗅出来：

一、“光说不练”是道德家们最显著的特征。

他们满嘴的礼义廉耻、仁义道德，而自身通常不具备什么美德，只是嘴上功夫了得，靠批评他人获取强烈的道德优越感。而他所持的道德标准，要么过于完美，要么就是非人性的，自己从来不去实践，却拿来衡量别人的行为举止。所以，我们可以这么理解，这个世界最完美的人除了初生的婴儿和上帝，剩下就是道德家了。

二、道德家对名声大多都有洁癖，大有“饿死事小，失节事大”之遗风，但这不等同于道德家们个个洁身自好。

道德家对名声的爱惜，恰恰是他们的虚伪所在，大家知道人性是人之所以为人之本，社会伦理道德、法律秩序，有其对人性压抑的一面，道德家不敢用赤裸裸的“坏”来挣脱压抑，也就只好用虚伪的“好”来掩饰自己了。电视剧《手机》中，费墨教授就是这类人，他擅长狡辩，喜欢解释，非常爱护自己大学“叫兽”的名声，也很懂得保护自己。可是美色当前，他岂能坐怀不乱，倘若真的坐怀不乱，自己又该被怀疑“不是男人”。所以在这样的两难面前，他还是选择了“动物”性的一面。至于什么伦理道德能抛多远就抛多远，反正这些东西本来就子虚乌有，可以说一套做一套嘛。

三、只要跟道德家交过锋的人，都知道非理性是他们的死穴。

你没法跟道德家讲道理，他们只认概念，不认事实。他们动不动就对一些事情和人扣上高帽子，常常用“三纲五常、伦理道德”来训斥他人没有羞耻感。

所以，奉劝你不要轻易跟道德家辩论，那是需要很高的修养，或者你自身也是个道德家，否则会被活活气死的。通常最明智的做法就是：惹不起还躲不起吗？一旦你遇到一个跟你大谈“羞耻感”的道德家却无法躲避时，你大可以这样回击他：“看过原始森林的土著吗？他们男女在面对镜头时，赤身露体却丝毫不觉得羞耻，表情自然淳朴，总比你们这些道貌岸然的君子在镜头面前矫揉造作、扭捏作态要美上千百倍。”

四、道德家对他们所认为的“不道德”的事，除了口诛还要笔伐。

他们嘴巴说了不过瘾，还要写道德文章。而天底下最容易写的文章莫过于道德文章了。道德文章的观点怎么看都是正确和冠冕堂皇的，但仔细一推敲，发现怎么看都是废话。他们不知道人性复杂的一面，不知道事物与事物之间错综复杂、千丝万缕的联系。他们总是纠缠于对错、善恶，所以，煽情、矫情、滥情自然就成了道德文章的华丽外衣，不知赚了多少纯情少女少男的眼泪，甚至中年少妇少夫的老泪也不放过。

19

The art of faking it (Chinese Version)

话题十九　知道分子

想当年，大名鼎鼎的京城顽主朔爷（王朔）写过一篇文章，叫《知道分子》，把“抄惯了别人的宏论，没有自己独立思想的学者”很是挖苦讽刺了一番。彼时，“知道分子”一词尚为贬义。而今，“知道分子”一词的词性 180° 大逆转，可谓咸鱼翻身。上至学者下至屁民，皆以能成为“知道分子”为荣，也因此一大批“知道分子”们应运而生。他们知识广博，但不一定样样精深，遇到困难的时候喜欢“百度”或“google”一下；他们不甘寂寞，甚至喜欢八卦；他们爱买书籍电影和报纸杂志，但有可能不看，或只看有用的；他们爱秀爱跨界爱批评，爱处处开花，美其名曰“捍卫言论自由” 或“我说故我在”，至于言论是否有失公允，那得两说。

身处信息大爆炸、娱乐至死的时代，我们当然迫切需要知识分子和精英，但由于数量太少，只能退而求其次，接受从知识分子转变而来的“知道分子”。就“知道分子”而言，也有真伪之分，我们一定要擦亮眼珠子。

可恨的“伪知道分子”

想必你的爷爷奶奶或姥姥姥爷一定教育过你，做人不要做“满罐子不荡、半罐子晃荡”的人，这样的人讨人嫌、招人厌。“伪知道分子”就是“半罐子晃荡”的这类人，他们没多少文化就要当知道分子了，好像天下事没有他不知的，就算不知，也要强装于AC之间。

我们的周遭充满了这类“伪知道分子”，他们通常没等人家把话说完就无礼地打断：“这个我知道……”然后就滔滔不绝地讲个没完，旁人只得面无表情、一脸茫然地听他讲，往往听了半天也听不出个所以然来。然而，他非但没有停下来的意思，反而洋洋自得。如果你不幸遭遇上这类“伪知道分子”，应该不吝赞扬：“你知道得真多，你简直就是一部会发声的维基百科。”

“伪知道分子”打算与人开始一段对话时，一般会采用这样的句式：“你知道吗，谁谁谁……”我们应该在他讲完“你知道吗”这四个字时，就当机立断地回答他：“我不知道。”事实上，他要讲的内容，要么就是你已经知道的，要么就是不知道他从哪儿道听途说来的。

2010年的春节联欢晚会，刘谦表演魔术，让观众叹为观止，可随之而来的是一堆的“伪知道分子”们挺身而出，说自己明白了其中的奥妙，还纷纷在网上发帖，分析得头头是道。后来，事情闹大了，为平息解密风波，还得刘谦亲自站出来辟谣：“到目前为止所看到的解答之中，想法包罗万象，简直不可思议。但是仍然没有人作出正确解答。”同时还给这些“伪知道分子”们上了一课，大概意思是这样的：你们就别瞎琢磨了，看魔术的乐趣不在于解密，而在于享受不知道的快乐；要是你什么都知道了，那还有什么快乐可言，干脆自己上台表演得了。

还有一类人，他们是剧透人士，总把剧情提前讲出来，还要狡辩自己并没有事先看过电影。如果你不幸和他们在一起看电影，就会感到“烦”不胜“烦”。不过，你也确实该好好“夸夸”他：“哇，你真是太彪悍了，这部电影如果由你来拍的话，肯定会更精彩。”

“伪知道分子”们为什么会有这些愚蠢的举动呢？因为他们不仅没有一定的 “真才实学”，而且还生怕别人不知道自己有多知道，生怕没人听他讲话，生怕被主流排斥；因为他们天生自卑，导致自大，以至愚蠢，最终竟至什么都看不上眼，心里和眼中只能容下一个小小的“我”。

“真知道分子”相当可爱

既然有“伪知道分子”，就势必有真“知道分子”。我们只要打开电视机，随便换几个台，就能看到各行各业的“专家”和“大师”：有“传道授业解惑”的大学教授，有“带您走上健康之路”的著名医生。严格意义上讲，这些人应该是属于知识分子范畴。可由于市场和大众的需求，他们摇身一变，成了地地道道的“知道分子”。他们涉猎甚广，掌握了各种知识，但不求精深；他们走在信息时代的前端，并愿意分享信息；他们常常给周围的人带来乐趣和知识。他们标榜“知道”就是力量。

有这么一个故事，有一个农村小伙子高考落榜，十分郁闷。上不了大学，他只能到城里一家小公司里打工。小伙子不嫖不赌，就爱读书，闲暇时光几乎全用来读报看书。去年年初，省城某大型超市招聘市场部经理，应征者络绎不绝，竞争非常激烈，有的人甚至把厚厚的一本超市管理大全都背了下来，没料到最后被录用的是这个小伙子。原来这次考试的题目，数量多、牵涉面广，几乎让应聘者没有思考时间：最新上映的大片《非诚勿扰》是哪一台录制的，《灰太狼和喜羊羊》的经典对白，北京“大裤衩”的设计者和投资者……小伙子考试时，如鱼得水，过五关斩六将终被录取。直到进入超市，他才明白为什么大型超市要这么考，原来在超市里员工的知识面和应对能力才是最重要的。

这个小伙子从一个小公司的小职员变成大超市的市场部经理，谁说“知道”不是力量呢？

生活中常能见到这样的“知道分子”，他们未必有很高的学历，未必真的去过很多地区，也未必有很丰富的人生阅历，可他们却能将上下五千年、纵横五千里的事，滔滔不绝、天马行空地讲个不停。特别是在酒桌上，更不能缺少这类“知道分子”。服务员上了一盘小炒蘑菇，他就会告诉你，有一种蘑菇就长在毒蛇遍布的树丛中，所以这种蘑菇就很昂贵，因为采菇的农妇很容易被咬伤毒死。诸如此类的奇闻轶事他能扯出一大堆来，时而让人匪夷所思，时而让人笑声不断……有他们在，整个饭局就会乐趣横生，谁会深究这背后的真假呢。

办公室、街坊邻里、交通工具上都能够见到这些“知道分子”的身影。有时他们就像我们生活中的“调味剂”，他们说话时不需要有自己的立场，也可能是废话，但往往于人无害而且幽默有趣。他们只是想把他们知道的东西“秀”出来。他们的反应一般都比严肃正经的知识分子来得快，生活态度也更轻松自然。

你是一个真正的"知道分子"吗?

真正的"知道分子"必备条件:

1. 喜欢读书读报听收音看新闻,在知识投资方面绝不含糊。

2. 对外面的世界始终保持着一颗强烈的好奇心。

3. 广交朋友,兴趣多多,可能既是某个大牌明星的粉丝,又是某个驴友团的"驴友"。

4. 有强烈的"表达欲",不会放过任何表达自己观点的机会。

5. 乐于参加形形色色的活动,乐于做嘉宾和评委。

一个真正的"知道分子"需要看哪些报纸杂志

《南方周末》、《21世纪经济报道》、《环球时报》、《生活导报》、《中国经营报》、《南风窗》、《三联生活周刊》、《城市画报》、《新周刊》、《时尚》、《看电影》、《兵器知识》、《舰船知识》、《第一财经周刊》、《世界知识画报》、《科技天地》、《财智时代》、《书城》、《收藏》、《读书》、《天涯》、《随笔》、《国家地理》、《旅行家》、《健与美》。

20

The art of faking it (Chinese Version)

话题二十 文青艺青

The art of faking it (Chinese Version)

据说，上帝唯一感到遗憾的是，本来是同一种人，他老人家却给贴了两种标签，其一是文青，其二是艺青。而且文青和艺青还对不上眼，经常五十步笑一百步，互相掐架，弄到鸡犬相闻老死不相往来的地步。其实，把他们放在一起，还真不容易分别出来。分成两拨旗帜鲜明得很，让外人一下子就能分出来，但一混到一起，就融为一体，你中有我我中有你。这真是滴血认亲的完美再现。

其实文艺是一家，而对于文青艺青，我们也不妨统称为文艺青年，这是取其大者弃其小者。在文艺青年中，逐渐出现一种更奇怪的人种，那就是文艺女青年。文青艺青是同种同目，但是文艺女青年和文艺男青年差别就有点大了，他们是同种不同目。所以，很多男文艺青年和女文艺青年厮混在一起可以，一辈子守候在一起却很难做到。

女文艺青年比男文艺青年更酷。可惜的是，这么优良的人种已经不纯了，因为她们掺杂了越来越多的势利，她们往往浅尝则止，还没有登堂入室，就放弃了自己的文艺主张和信仰，养尊处优去了。

文人和艺人是上帝给人类的礼物，而文艺青年则是他们的门徒，是祭司。但是就好像中世纪的僧侣慢慢褪去光环一样，文艺青年也露出了他们的窘相。难道是没有大师的出现，文艺青年的阵营出现了动摇。或者说是，因为伪大师太多，所以遮天蔽日的全是伪文艺青年。

就好像那句经典的话："你们全家都是文艺青年。"曾经有一段时间，这句话是必杀技，所到之处，让文艺青年纷纷遁形。

快来瞧这只叫文艺青年的蜗牛，它的壳出卖了它，它却还是将自己的头缩在壳里。

文艺青年就是这样，不论悲喜，耻辱荣耀，他们身上的烙印一经打上，就很难洗掉了。即使他们缩回去，但还是清楚明白地告诉对方，我是个文艺青年。

哪怕就是要装，也要装得到位一点儿。文艺青年就是那种感觉，谁装得像谁就是文艺青年。在电影《借刀杀人》中，萨克斯主题酒吧的老板在临死之前，回忆的恰恰是自己和偶像的同台演出，虽然只有几分钟，却陪伴了他的一生。

把这种感觉演到位，你就是不可小视的文艺青年。每一个文艺青年，都是需要偶像崇拜的。你的偶像越生僻，那你的风头就越足。从罗大佑、陈升，再到陈绮贞、张悬、曹方，他们的歌早些年也算是文艺青年听的，后来广大青年都发现很好听，就变成了流行音乐。文艺青年既希望找到志同道合的同志，又羞于与大多数人为伍，于是有些人为了达到独具一格的目的，不得不忍痛割爱，又去开始找那些别人不知道的东西。

这是一个循环。打个不恰当的比喻，文艺青年就像是屎壳郎，总是在为他人忙碌。

对于这样的文艺青年，碰上他在吹嘘自己的偶像，就要打击他的气焰，可以这样说："你喜欢这个人并不是他有多么棒，而是他不为人知。如果你在音乐电台里听到他的作品，你可能就会一点儿也不喜欢他。"

有的时候，我们可以巧妙借助对方的偶像来表明自己的文艺范。就好像香港的"左麟右李"演唱会一样，或者郑钧和张楚之争。例如后者，当对方喜欢郑钧，你就说，"加入一点儿少数民族特色，这完全是投机取巧。我只喜欢张楚，因为他除了是最好的摇滚歌星，还是中国最好的诗人。"至于喜欢许巍的文艺青年，那基本上就没救了。没有人会打心里喜欢甜食，但却爱吃甜食，直到吃得反胃呕吐。

如果你的朋友中间有人喜欢许巍，那么只有一个方法，你跟他说刀郎吧。当刀郎的声音在中国大陆沉寂多年以后，你开始迷恋上了他，"因为这是一个受伤男人的歌声，就像纯情到滥情的人一样。"

当有人问你，如果不能避免，那自己最能接受的疾病是什么时，可以这样说：拜伦说过他期望自己死于肺病，大仲马则试图假装患有肺结核，索德格朗也是死于这个病，因为肺结核是那个时代的时尚。当然也是这个时代的时尚，朱大可曾经总结过，结核最文艺。而鲁豫觉得胃疼的女人很优雅。或者像张小娴那样迷恋感冒，她说过，感冒本来就是一种伤感的病，越是寂寞的人，就会拖得时间越长。张小娴肯定是如假包换的真文艺青年，而鲁豫绝对是一枚假丸子。为什么一看到鲁豫，总是让人想到在历史长河中捧心的那个人。

当有人问你最喜欢什么地方，千万不要傻傻地说喜欢自己的家乡或者纽约曼哈顿，不，你应该喜欢的是取决罗，那是火星上的一座城市，或者位于刚果的布拉柴维尔，估计没人知道那个地方，地理学家也不会对上号。

当有人问你最想玷污什么的时候，你一定要坚定地说，“文学，尤其是纯文学。”（或者是具体的某种艺术。）对于每个文艺青年来说，这都是他内心永远的痛。

如果你对文艺青年还不熟悉，那么在以下场合，你都有可能遇到他们，而且是大把的，像蝗虫那样的密集，就好像诗人乌青写的，“我们黑压压的来，我们黑压压的去。我们是黑压压的一群。”黑压压的什么？答案正是文艺青年。

豆瓣是文艺青年聚集地，这已经是公论。在豆瓣上面，文艺青年不仅“伤”花怒放，而且还加速腐烂，豆瓣的每况愈下，不在网站管理者水平低下，而是他们实在不该招惹这些文艺青年，他们就是白蚁，所到之处一片荒芜，这样才好衬托他们的风情，也便于吟诗唱歌。

迷笛之类的音乐节也是文艺青年的首选。他们口里说着海特伍德的伊甸园，在山坡上打扑克牌。然后等到自己喜欢的乐队上台演出，去蹦跶两下。或者就是和自己的性伴侣躲进帐篷里睡觉。他们当然想来点儿音乐助性。不过很多人已经选择了不去迷笛，仿佛那是不堪回首的污点。

对于一些资深的文艺青年来说，最爽的是到某家音乐酒吧，然后很随意地让服务员试一下自己的碟。其实那张碟是他精心准备的，绝无仅有的。但也有可能碰上一个相当不解风情的服务员和一个相当自我的老板，服务员会说，“不好意思，我们老板从来不让别人放带来的碟片。”看，遇到竞争对手了吧，这时最解气的想法就是立马盘下这个酒吧，然后跟那老板一样，只放自己指定的音乐。

当然，在酒吧里做噪音，也是很多文艺青年的梦想。到书店喝咖啡，也是打发时光的好方式。在酒吧里坐一下午，写点儿文字，是很多文艺青年都有的经历。

当然QQ、MSN，以前是BBS，还有博客，现在是微博，都会让文艺青年不小心露出他们的尾巴来。看他们的签名，还有他们的发言内容，是不是文艺青年就一目了然了。

安妮宝贝诠释了文艺青年的典型行为，也许她本人永远摆脱不了文艺青年的宿命。在她的笔下，女主人公会买一盒哈根达斯，用干冰包裹起来，坐在出租车里，小心翼翼地捧着，然后不停地流泪，悲伤地想：那个爱我的人到哪儿去了？那个爱我的人到哪儿去了？只剩下我独自享用这美丽而昂贵的食物。但是，美国人根本不吃哈根达斯，这个事实估计会让文艺青年心碎了无痕。

郭敬明是不是文艺青年，很多人都保持怀疑的态度，但是他的假装术却绝对是一流的，和他的美容术一样值得敬佩。例如，他会买下“一盒来自日本的二百九十九块的木糖醇口香糖”。给自己的母亲买一个LV包，注意是LV包。“拿起一盒十二只装的小番茄，看看上面四十块五的价格，轻轻地丢进购物篮里”。一般而言，购物会让人身心通泰，但郭敬明却会感到“像个孩子般的无助”和孤单，“孤单是久光百货空旷的一楼大厅。孤单是刷卡时签掉的银行账单。”这真是要人命的抒情方式，是在画个圈圈诅咒人嘛。

文艺青年一定会知道一些经典广告，还有普利策新闻图片大奖，一些歌，一些电影，会让你如鱼得水，此外还应该知道杜尚，知道桑塔格，知道陈丹青，知道艾未未，知道七等生……

走在路上的时候，尽可以塞着耳机不放音乐，以显示和这个世界有距离。

坚持在地铁发微博，微博的内容莫名其妙，“一个苹果，上面有牙齿的蛀印，同时还在氧化中”。

在评价《男人装》的时候，可以这样说：“发现台湾版的实在是好看多了。大陆版的就是既要当婊子又要立牌坊的那种。”

评价陈绮贞就要说“她的声音总是清澈得让我颤抖。”评价 airsport 就要说“我喜欢这样敏感、坚韧、叛逆的女子。”评价一本书的时候，可以说，“买这书，完全是因为它的封面，在书店里看第一眼就爱上了。设计师可是大名鼎鼎的 Plus2Pounds 啊。”

百无聊赖地坐在公车上，就用手指在有雾气的车窗上写字画画，最好写的是日文，或者老挝文，内容是名侦探柯南，或者一个卡通人物！

周末的时候去宜家买杯子，走到哪里都背一个双肩包，崇尚波西米亚风，是格瓦拉的粉丝，大谈特谈情趣玩具，总以为自己是孩子。

记得斯芬克斯谜面是：什么动物早晨四只脚走路，中午两只脚走路，晚上三只脚走路。答案是人。如果这个人是文艺青年的话，那么他就是可笑的；如果他是个文艺中年的话，那么他就是可悲的；如果他是个文艺老年的话，他就是可爱的。

除了杨二车娜姆，文艺青年最讨厌的也许就是他们自己。这也难怪，文人相轻的传统，艺青文青肯定也是很难对上眼的，例如：“我是个从琼瑶阿姨小说里走出来的女子……”这句话可以作为检验文艺青年的标准，凡是听后连想死的心都有的人，都是文青。鉴定完毕！

The art of faking it (Chinese Version)

话题二十一　心理分析

重庆缙云山绍龙观住持李一道长，如今正被广泛质疑。一个获得教籍仅四年的道士，竟被尊为神仙，号称有三万名弟子。李一从“神仙”的宝座跌落凡尘后，他的许多明星好友也纷纷被曝光。除了专门撰写《世上是不是有神仙》来宣传李一“养生”哲学的樊馨蔓外，给这本书写推荐语的敬一丹、李亚鹏、马云等都不幸卷入这个事件中，被称为李一的明星“徒弟”。

且不论此事的是非，但是有一点我们能够肯定，在中国，只要你会装，一切皆有可能。装什么最牛，当然是装“神仙”。

心理分析无处不在

在中国好像还没有几个像样的心理分析师，心理学这一门学科在中国起步较晚，普通老百姓更是知之甚少。所以一般来说，你只要通读一两本书，掌握了一点儿皮毛基本上就算是个合格的心里分析师了。好吧，那就上阵吧！

我们经常碰到这样的情况，当别人聊起某个话题时，你根本插不上嘴。即使搭上话也是声东击西，草草两句完事，根本没机会掌握话语权来抬高自己的身份。比如聊减肥这个话题时，某个胖子夸夸其谈，从他如何节食到吃药被上当受骗了N次结束，期间还有另一个曾经是胖子的人附和，他们说了整整一个小时你也插不上嘴。因为你是个瘦子，一直都是，或者你根本就对这个话题不感兴趣。

这时你得使出绝活，你的看家本领——“心理分析”来对付了。一个心理假装高手能够把任何事情都归类到心理问题上去。关于减肥这个话题的结果往往都是不了了之。但你却可以说：“减肥无妙方，只要先克服心中的‘心魔’，指挥自己去做‘对的事’，就可以减肥了！这就是所谓的心理疗法。”

我想顿时两人就傻了眼。继而你说你的一个朋友就用此法成功减肥了。他们当然会继续问下去，你就找个关键点，比如节食。其实就是一种“骗自己”的心理疗法，要知道，晚上的“心理”和早晨的“心理”是截然不同的，我们可以利用它们之间的落差来减肥——每一顿晚餐照样出去吃，但是，都将晚餐原封不动地“打包”，在冰箱存起来，留到隔天的早上。

这个方法好处是，当你眼睁睁地看着这顿丰盛的晚餐却无法吃，并不会觉得太无奈，你可以告诉自己：“我还是会吃这一些啦，只不过，原封不动地留到隔天早上了！”有趣的是，到了隔天早上，你会发现肚子不饿了，你要再从冰箱拿出来、微波加热后，东西也变得没这么好吃。在早上食欲本就有限的情况下，这一顿丰盛的晚餐，到了早餐竟然吃不完，吃不完就立刻将它丢掉，绝不要感到可惜，你就成功一天了，等当天晚上再重覆同样的“移到隔天早餐”的行为即可。

当然，你还可以穿插点精神分析的“术语”来压压阵，你可以说其实肥胖大多是因为“多巴胺”浓度太低造成的。其实鬼知道“多巴胺”究竟是个什么东西。不过没关系，你根本不需要详细说明，捕风捉影地说点大概意思就可以了。

瞧！你装得多像！再说胖子做到真正节食大多是不可能的事，你把一个不可能的事情说成了可能，而且套用“心理学知识”，他们有可能不信你，不拜服你吗？不信的话叫他们自己去试好了。

22

The art of faking it (Chinese Version)

话题二十二　哦！评委

有一个朋友跟我说，他经常参加面试和答辩，发现有些人对专业知识了解很少，甚至根本不懂，照样能当评委，学生还觉得他是一个学识渊博的专家。

也就是说，我们任何人都可以当评委。如今电视选秀节目如火如荼，各种评委五花八门，有些评委甚至根本不提专业上的问题，问一些无厘头的问题，整个就是在作秀！没错，只要装得好，你也能。你是一个建筑师，如何去做一个音乐节目评委？你是搞推销的，如何去当好一名诗歌朗诵会的评委？只要你会装，其实这些都不难！

评委的套路

中国人很喜欢说套话，这是必须的。一来显得你居高临下，二来没有任何危险性。在你做评委的时候，说套话也不可避免，套话就是对很多人、很多场合都适合的话，也就是常说的“万金油”。比如在艺术专业的面试中，你可以问：“你为什么要报这所学校？”“你知道这个专业是干什么的吗？”“请你来个自我介绍，好吗？”如果你参加的是毕业论文答辩，可以说：“选题有学术价值。”“结构合理，条理清晰。”再不然揪住论文中的一个病句、一个标点符号等“硬伤”而喋喋不休，没完没了，弄得学生张口结舌，无法应答。

在面试或者答辩等严肃场合，在问些套话时，如果再能夹杂一点儿洋文，会令学生肃然起敬。如果你洋文说得不标准，就说些亚里斯多德、黑格尔、康德、叔本华、尼采、弗洛伊德、萨特、海德格尔等洋名，这样会显得你中西贯通，视野开阔。

最后打分的时候要左右看，对专业知识懂得不多，打分过高或者过低，都会惹来异样的目光。

当然，这些套路只适合一般的情况，只能保证你作为“非专业评委”情况下的应急措施。而一个人气旺的评委仅靠这些是完全不够的。不过想装得好、装得有水平也不是太难的事情，只要你掌握以下的几种句式就可以了。

好评时怎么装

一个文艺表演节目，若选手歌唱得还算不错，但是在其它方面比如舞蹈跳得太过张扬、表演色彩过于浓烈的那种，你可以说："稍微有些过火了"、"如果拿一首安静点的歌来唱效果肯定比现在要好的多。"

一个表现不错的选手，直截了当一点儿的话你可以说："我认为你有资格获得第二次机会，继续努力吧！"

如果你是个女评委，只要选手唱得不算差，你都可以说："我浑身都起鸡皮疙瘩！"这里面包含两种意思，关键看别的评委或者看主持人和观众的反应而论。其一层意思就是他唱得有点儿假，不到位。第二层意思就是他唱得比较好，很富有感情，看！我几乎都要被感动了。而这两种意思的选择就需要你察言观色，见机行事了。

更好一点儿的说法是："这家伙真能唱！"究竟唱得哪里好等专业性评论，你根本没必要说出来，因为你根本就不懂嘛！而装作说"真能唱"几乎能概括所有好的评论了，好到什么程度就让别人自己去想吧！

如果对这个选手很满意，你也不要非常肯定地说他唱得简直太好了，这样说危险性太大。你最好说："你是最好的表演者之一"。记住，"之一"一定要带上。既高度表扬肯定了他，又给自己留了台阶，没有比此更好的评价了。

差评时怎么装

我想没有哪个人连唱歌跑调都听不出来吧？好了，这时你就可以大显身手了。一个装客就怕选手表现得太好，甚至不差，那是要挑战你的专业技术的，使你无从下手。而一个表现差的选手随你怎么说都能过关。你可以说："你唱得都是些什么玩意啊！"究竟是什么玩意？哪里唱得差，你不必说，因为你不屑说。

很多选手上台都很紧张，以至于口齿不清、舌头打结。"我几乎一个字都没听出来！""你还记得你刚刚唱的是哪首歌吗？"

如果想对一个表现差的选手表示自己的礼貌和仁慈，你都可以在说话之前加上"对不起，兄弟！""对不起，亲爱的！"这种情况也适合长相姣好，讨人喜欢，但是才艺平平的选手，算是个安慰吧。这对于那些表演几个节目，但是其中某项表现很差的选手也比较合适。

激进型评委

2005年，湖南卫视起用马来西亚歌手柯以敏担任"超女"

评委，柯以敏在中国内地的知名度并不高，但凭借“超女”评委席上送戒指送耳环、“very very very very very good”等口头禅家喻户晓。2007年，头上戴花的杨二车娜姆登上“快男”评委席，她凭借着与郑钧的骂战、“种在后花园”等雷人语录一夜成为走俏评委。后来的“快女”彻底捧红了包小柏，他和曾轶可之间的PK成就了“快女”开始以来最大的话题。以及接踵而至的毒舌评委刘力功等等，这些评委无一不是激进型的。但是装这类评委不成功便成仁，您得考虑清楚。不过只从技术上讲，最好的办法即爆出雷人之语，怎么无厘头怎么来。即兴发挥的才华也是必不可少的，不过这些都还不够，还缺什么呢？你懂的！我劝普通老百姓还是不要模仿的为好！

附录

The art of faking it (Chinese Version)

附录　不同场合下怎么装

The art of faking it (Chinese Version)

天时不如地利。假装高手们都会利用地利，将自己打扮得与众不同，酷味十足。尽管卓别林在银幕上都是同样的造型，不管在何种场合都不会改变形象；尽管左小祖咒一年四季都会戴帽子和墨镜；尽管张朝阳拍照的背景似乎永远是一座山峰；但他们都是最伟大的假装艺术家，任督二脉已经打通，所以完全可以以不变应万变，一副造型走天下。

但是，还没有成精的装客们，还是要巧妙利用各种有利的空间，就像变色龙根据周围的环境改变肤色一样，从自己所处的环境中，找到最佳的支点，但不是隐藏自己，而是彰显自己。毫无疑问，这是装客们乐此不疲的根源所在。

办公室

除非你是一个自由职业者，否则你就要学会一套办公室装X术。

身为都市白领，总得有一身行头，看起来道貌岸然，还确实挺像那么回事儿，再戴一支铮亮铮亮的手表，以备不时之需，比如外出见客户谈业务。

除此之外，还得有一个响亮又酷毙的英文名字，以示自己跟国际接轨；当同事或客户需要你的网络联系方式时，你要告诉他们：自己从来不太懂得企鹅聊天，只懂得用 MSN 或 Skype！ MSN 签名最好是细节决定成败，执行力第一之类的屁话，给领导看的，让他老人家放心。打电话时一定要用上懂且仅懂的一点英语：比如，Can I fuck you？ Do you fuck me？如果你有幸成为像经理一类的小领导，要学会折腾你手下的人，让他们预算、报告、总结、团队、狼性、执行力……什么恶心弄什么，总之，要像正宗的 MBA 一样。

住宅

如果你有幸成了房奴，那么你一定要学会让自己成为一个有“品”的房奴。这是一门学问，需要好好花一番心思去琢磨。一个家如何装修、如何摆设，处处显示主人的品位。

一个喜欢装 X 的主人，即便在空间不是很富裕的房屋里也会推陈出新，来点创意，比如在客厅中装修一个吧台，柜子上摆满了各式各样的洋酒，哪怕都是一些过期的，没有人会无聊得去看保质期。

家中最好还要有一对超级音响，电视机柜下放满了正版的影碟，因为你的 DVD 机是国外进口的，读不了盗版影碟。

当然，一个书柜不可或缺，精心挑选一些世界文学名著、金庸全套的武侠小说，三毛、安妮宝贝、安忆如、几米等人的书，摆在上面，这看上去既有侠情又很小资。

如果在不起眼的角落里还能堆放一些落满尘埃的乐器，那就更能勾起来客的好奇了，想当初你年轻的时候也是一个充满文艺理想的青年。

电影院

去电影院看一场电影，自然是为了消磨时光，让感官彻底享受放松。可是，还有一种更高的境界，那就是作为一个资深影迷去看电影。

如何才能表现出你深谙电影这种艺术呢？除了你张口就能说出百来部世界经典电影，还要懂得一些电影专业的行话：长镜头、分镜头、黑色幽默……

俗话说，外行看热闹，内行看门道。这样一来，你就立马与众不同了。

必要时，你得站出来为正在观赏的电影鼓掌、鸣哨，或者喝倒彩。其他观众一定会对你刮目相看。

地铁

现代城市的发展日新月异，悄然间，地铁成了衡量城市级别的标的。重量级城市都在建地铁，不仅是广州、南京、天津，现在河南开封也在准备建地铁了。地铁在城市中的重要性由此可见一般，它绝对不是一件摆设，而是点缀城市生活的新元素。

在地铁里面秀一下自己，那简直就是装客们的使命。

但是，千万不能在高峰期坐地铁，跟沙丁鱼一样把嘴都挤成了 O 形，可是有碍观瞻的。而是应该在乘客稀少的情况下，甚至一个人孤零零地占领一节车厢，即使有那么多座位，也不屑去坐下。

地铁最佳的 POSE 应该是，一只手掉着扶手环，一只手插在裤兜里，身体很写意地弯曲。为了配合这样的姿势，少不了几样道具：大耳塞（一定要是夸张的）、背肩包、大表面的电子表、登山靴。这样的潮人装扮，显示你是一个地铁旅游者，在地底下无所事事地游荡，你的下一站永远和别人不一样。

为了达到假装的非凡效果，一定要避免以下自杀式行为：

1. 看一本书。不管看什么书，都很 FOOLISH。

2. 对其他人流露出哪怕一丁点儿好奇。对世界好奇是文学家的工作，一定要摆出“不管你是谁，跟我都不相干”的派头。眼睛只盯着自己的脚尖。

3. 为了让别人知道，需要及时更新一条微博。“有时候穿一双拖鞋是蛮舒服的。”有点儿不知所云，那就对了。

4. 遇到乞讨行为，别厌恶地转过头去；当然，也不能掏出一枚硬币或者一张皱巴巴的纸币。这些都会让你的努力烟消云散。

5. 记住：地铁上永远不会有令你心动的事情发生，也不会有一场艳遇。所以，把自己当成自己的一张贴票的行李吧。

电玩室

记住，是电玩室，不是网吧。也许很多人会去网吧，但那种狭窄的空间不适宜任何一种装扮，更不用说那里面的乌烟瘴气了。据说，键盘恋的“90后”，偶尔会在深夜光临网吧，各自坐在自己的电脑前，咫尺之间却通过网络来表情达意。但那是怪癖，绝对构不成假装的艺术。

世界各地的男孩子们，都只钟情于电玩室，那里才出产纯粹的快乐。

他们会在脖子上挂着海军陆战队军牌的项链，把香烟和手机放在一旁，在其中沉迷几个小时。你解渴的至少应该是依云。如果有电话来，一般都不会接，哪怕是自己的老爸或者女朋友打来的。真正的享乐和游戏，是拒绝打扰的。

在电玩室，一定要表现出豪爽的一面，很HIGH的一面。游戏币不要十块十块地买，要一次性多买点。即使你很厉害，拳霸三国一块游戏币就能杀通关，也一定要表现得很受虐的样子，每次都要刚刚用完你的游戏币，不要带回家一大堆游戏币，更不要去柜台将游戏币兑换成钱。你是来消费的，绝对不是来挣钱的。

如果喜欢玩老虎机，那你就要传达出这样的信息，你只有输光了所有的游戏币才会离开。换言之，到这里你不是来赢钱的。

没有人会因为来电玩室，而故意搞得很特殊。相比于红发男和纹身男们，那些西装革履的人，更引人注目。他们显然是刚从 CBD 下班，来到这里尽兴的。没有什么比看到一个白领精英还保留学生时代的兴趣更让人开怀一笑的。

就好像，街上一对恋人因为勃发的情欲，脚步明显加快一样。

大卖场

现代人的生活离不开大卖场。假装达人们会利用每次 SHOPPING，尽显自己的范儿。哪怕只是买一包纸巾，他们也会毫不犹豫地选择手推车。排在收银台前，绝对的光彩夺目。其潜台词永远是：我对你们这里的产品感到好失望，逛了几个钟头，没有一样东西能入得了我的法眼，失望至极。

大卖场存在的意义，绝对不是琳琅满目的货品，而是一个人的品位。为了表达自己的品位，即使在空调打得很高的空间里，依然会围着围巾。不管男女，围巾都是最好的装饰，显得又美观又有文化。

他们推着手推车，不会光顾打折区，也不会去食品区。他们在大卖场散步，最多在酒水区停留一下。收银时，他们绝对不会使用单位发放的购物卡，当然也不会用现金，一张 VISA

卡是最合适的。

大卖场并不是真正购物的处所，涉外食品专卖店才是他们经常光顾的地方。在那里，你能买到德国的蒜肠、波尔多的葡萄酒、卡夫通心粉等等。

综艺节目录制现场

对于很多中国人来说，镜头感一直是他们缺乏的才能。

在一个综艺节目录制现场，作为主持人，感人是第一位的，串连台词才是第二位的，典型代表是某某的眼泪，简直是百试百灵。不知道莫斯科不相信眼泪，用在这里是不是一样合适。所以客串主持人是风险很高的行为。

作为嘉宾，必须做好准备随时说："选手的表现，其实蛮难能可贵的。我觉得他还是很有勇气的，今天能够站在舞台上，面对这么多的观众……"这样模棱两可的话。

作为观众，他们没有机会单独出境，永远只是一块人肉背景，贡献点掌声和眼泪。

这个时候，最贴心的忠告，往往就是：

装萌很容易被扯破伪装，娃娃音之重出江湖，估计再也不会令人叹为观止了。打扮如果是纯正的文艺腔，也会被视为老土，而显得格格不入。

嘉宾被选手气到、雷到、笑到、感动到，都可能是精心设计的，需要嘉宾临场的表现力，即使反目成仇拂袖而去，也未必是真的哦。

让人觉得，中国最好的演员，不在影视剧里，而是在这些节目录制现场。

餐厅

在中国，餐厅分为中餐厅和西餐厅。

讲究的人不会在一家同时供应中餐和西餐的饭店用餐，那显然不入流。

同时，对中餐的菜系要熟悉，能够很快报出各大菜系的招牌菜，例如徽菜中的臭鲑鱼等，这是必须要做的功课。

在西餐厅，除了要具备一定的红酒知识外，基本的用餐礼仪也必须清楚。在埋单的时候，一定要给侍者小费，一句“零钱不用找了”，能恰如其分地展现你的绅士风度。

图书馆和书店

对于学生来说，不去图书馆，人生肯定深有缺陷。这个缺陷和知识无关，而是和经历有关。在大学，图书馆是最好的恋人约会场所。据说，现在图书馆阅览室等开放型空间，并不缺少光顾者。不过这些人不是来看书，而是随身带了笔记本的。和女朋友一人一个耳塞，在图书馆中分享电影和音乐，是当代大学生的一大乐事。

这样的场景，在非大学图书馆中很难看见。这里的光顾者虽然没有笔记本，依然一样可以将装进行到底。冒充饱读诗书之士的大有人在。他们复印整本的外文书，其实他们可能连这是一本什么书都不知道。

而在大大小小的书店中，很多人会用手机拍图书的封面，甚至有人用莱卡相机来拍封面，据说是为了得到辨析度更高的图片。很多人看过一本书，意思只是看过封面而已。他们首先会在畅销书的码堆前流连，然后去其他一些专业书柜前。